「おかしな英語」で学ぶ
生きた英文法

唐澤一友　福田一貴

AKISHOBO

はじめに

　今や世界の共通語とまで言われるようになった英語は、日常生活で英語を必要としない日本社会にも深く入り込んでいる。街を歩けば、いたるところで英語で書かれたものを目にするし、公共交通機関では英語によるアナウンスも行われている。

　しかしその一方で、「何年英語を勉強しても満足に英語が使えるようにならない」だとか、「それは学校での英語の教え方が悪いせいだ」といったことが今も昔と変わらず言われつづけている。英語の教え方が良いか悪いかはさておき、身のまわりにあふれる英語をよく観察してみると、かなり「おかしな」ものも少なからずあり、たしかにまだまだ英語力を高める余地が残されていそうだ。

　日本各地の駅や空港、観光スポットやレストラン、また商業施設などに掲げられた看板・掲示に書かれた、かなり「自由な」英語に触れているうちに、以前はほとんど気にしていなかった「街なかの英語」を熟読する習慣が身につ

いてしまった。すると、おかしな英語の使い方には一定の傾向があることが次第にわかってきた。

　だとすれば、街なかにあふれるおかしな英語を分析すれば、日本人が英語を使う際に苦手とする部分をピンポイントに洗い出すことができるのではないか。苦手なところを中心に、どうして間違えるのか、どうすれば正しくなるのかを見ていけば、効果的に英語学習ができるのではないか。反面教師的な意味で、街なかに点在するおかしな英語は良い英語教材になるのではないか。本書はそのような考えのもとに書かれた。

　国内の「おかしな英語」の例と並行して、英語圏における掲示のサンプルも豊富に収録した。国内の例と比較しながら、日常生活に密着した文脈で使われる「生きた英語」に触れることで、本場のニュアンス、空気感を少しでも学び取っていただければ幸いだ。

本書の使い方

　この本は、日本各地のさまざまな場所で著者が見つけた「おかしな」英語掲示を写真で紹介し、本場（イギリスやアメリカ）の類似した例と照らして、正しい英語の使い方を学べるように解説したものだ。

　手書きで書かれたポスターのような私的な看板から、公的な機関や場所に掲げられた「見た目は」立派な掲示物まで、写真を見るだけでも面白い例をふんだんに掲載している。

　英文法のキホンをしっかりと、スルスル読んで学び直せる内容になっているので、ぜひ楽しみながら読んでいただきたい。

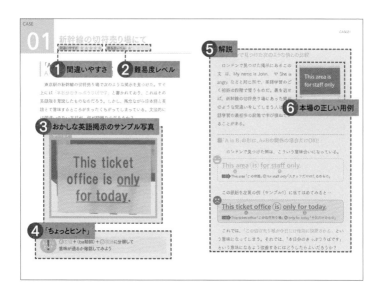

ひと通り英語は学んだものの、自分で話したり書いたりするには
まだ少し自信がないな、と感じている人々には有効なはずだ。

　各項目のはじめには、❶「間違いやすさ」と ❷「難易度レベル」を
★の数で示した。私たちが集めた日本各地のおかしな英語のサンプ
ルのなかでも、よく見られる間違いになればなるほど、「間違いやす
さ」の星の数は多くなっている。「難易度レベル」については、
文法事項などの水準に合わせて星の数が多くなっている。

　最初に❸おかしな英語掲示のサンプル写真を掲載しているので、
❺解説を読み進める前に、まずそこに記されている英語の間違えっ
ぷりをよく見てもらいたい。どこがどうおかしいか、どのようにし
たら、適切な英語になるかを考えてみよう。❹「ちょっとヒント」
の欄も参考にしながら自分なりの答えを出したうえで、「答え合わ
せ」としてその先の解説を読んでもらいたい。❻本場で見つけた正
しい英語の掲示も写真で紹介してあるので、リアルな英語の端的な
使用法としてぜひ参考にしてほしい。

　また、CASE01〜CASE30までの間の折々には、各項目で紹介し
た英語掲示に関連した内容のコラムをいくつか挟みこんである。特
定の英語表現について、より掘り下げて解説したものや、関連する
事柄についての豆知識、英語圏の文化事情などを紹介したものま
で、幅広く興味を持っていただける要素を散りばめたつもりだ。

　また、おさらいとして、ところどころに確認問題を収録してあ
る。基本的な文法を押さえれば、こんなに多様な日常表現を正しく
理解し、使いこなせるようになる、ということを肌身に実感しても
らえたら嬉しい。

Contents

「A is B」型の文（第二文型）は、A＝Bでなければならない[I]

東京駅の新幹線の切符売り場で次のような掲示を見つけた。すぐ上には「**本日分のきっぷうりばです**」と書かれており、これはその英語版を意図したものなのだろう。しかし、残念ながら日本語と英語とで意味するところがまったくちがってしまっている。文法的には間違いのない文だが、何が問題なのだろうか？

サンプル1

This ticket office is <u>only for today</u>.

ちょっとヒント **A**主語＋（be動詞）＋**B**補語に分解して意味が通るか確認してみよう

■ロンドンで見つけた次のような例との比較

　ロンドンで見つけた右の掲示にある
この文は、My name is John. や She is
angry. などと同じ形で、英語学習のご
く初期の段階で習うものだ。裏を返せ
ば、新幹線の切符売り場にあった掲示
のような間違いをしてしまう人は、英
語学習の最初歩の段階で学び損ねてい
るということになる。

「関係者専用」

■「A is B」の形は、A=Bの関係の場合だけOK!!

ロンドンで見つけた掲示文はこういう意味合いになっている。

😄

This area **is** for staff only.
　　　　　Ⓐ　　　　　　　　Ⓑ

つまり This area「この地域」 ⊜ for staff only「スタッフだけのためのもの」

この原則を左頁の例（サンプル1）に当てはめてみると…

😖

This ticket office **is** only for today.
　　　　　Ⓐ　　　　　　　　Ⓑ

つまり This ticket office「この切符売り場」 ⊜ only for today「今日だけのもの」

　これでは、**「この切符売り場が今日だけ特別に設置される」** とい
う意味になってしまう。それでは、「本日分のきっぷうりばです」
という意味になるよう改善するにはどうしたらよいだろうか？

A=Bの関係になるように注意して、次のようにすればいい。

Tickets sold here (are) only those for today.
Ⓐ   Ⓑ
「ここで売られている切符は本日有効のもののみです」

only those の those は、同語重複を避けるために tickets を置き換えたもの。この形にすれば「ここで売られている切符」 ⊜ 「今日だけ有効のもの」という関係が成り立つ。

■be動詞を使わず名詞句で簡潔に表すこともできる

ただ、これでは少し長いし難しいというなら、オクスフォードで見つけた右の掲示を参考にして、より簡潔に書くこともできる。

この英文は、「トイレの使用は厳に顧客だけに限られています」というもの。

新幹線売り場にも、次のような名詞句を使った英文を書いておけば言いたいことは通じるだろう。

Tickets for today only.
ひとつの名詞句とする

Let's try!

Question 次のような掲示文を英語で書こうとした場合、
適切なのは以下のA~Cのうちどれだろうか?

「この機械は、支払い済みチケット受け取り専用です」

A This machine is pre-paid ticket collection only.

B This machine is for pre-paid ticket collection only.

C Only this machine is for pre-paid ticket collection.

Answer **B**の英文

　This machine「この機械」= for pre-paid ticket collection only「支払い済みチケット受け取りのためだけのもの」という関係が成り立つため。

This machine is for pre-paid ticket collection only

Special Point

「A is B」型の文は、受け身（受動態）でも
進行形でも常に「A＝B」となる

「be動詞＋過去分詞」の受け身（受動態）の文も進行形（be動詞＋ -ing形）の文も、「A is B」型の文と同じ「A＝B」でなければならない。受け身形の場合は「主語」＝「…された」、進行形の場合は「主語」＝「…している」の関係が成り立つ。

受け身の文

Our soups are created by our team of dedicated chefs

「私たちのスープは献身的なシェフのチームにより作られたものです」

　これは調理済みのスープを売っているコーナーに掲げられた掲示で、そこで売られているのはスーパーが雇っているシェフたちのオリジナルスープだということをアピールしている。

「A is B」型の原則通り、Our soups「私たちのスープ」＝ created by …「…によって作られた」という関係が成り立つ。

　次は、京都の店にあった以下の掲示について考えてみよう。

We are <u>made in the shop</u> soba noodles
我们在商店荞麦制成
메밀을 가게에서 만들고 있습니다

　どこがおかしいか、わかるだろうか。

Ⓐ We「私たち」=**Ⓑ** made in the shop「店で作られた」となり、これでは店で「私たち」が作られていることになってしまう（また、このままでは最後のsoba noodles「蕎麦」が文中で浮いてしまう）。意図された意味にするには、「私たち」の代わりに「蕎麦」を主語にし、**Our soba noodles are made in this shop.** とする必要がある。あるいは、受身形を使わず、**Our soba noodles are homemade.**「私たちの蕎麦は自家製です」などとすることもできるだろう。これも「A is B」型で、「蕎麦」=「自家製」という関係が成り立つ。

　進行形の例もひとつ見ておこう。電車のドアに挟まれると危険だということを知らせる掲示だ。

進行形の文

Train doors are heavy
Please stand clear when
the doors are closing
　　　　　　　　　Ⓐ　　　　　　Ⓑ
「電車のドアは重いです。閉まりつつある
ときにはドアから離れて立ってください」

　ここでも原則通り、**Ⓐ** the doors「ドア」=**Ⓑ** closing「閉まりつつある」の関係が成り立つ。

「A is B」型の文（第二文型）は、
A＝Bでなければならない［Ⅱ］

「私は幸せだ」という文は、I am happy. という「A is B」型の英文で表せる。しかし、いつも同じようにうまく訳せるとは限らない。たとえば「今日は残業だ」と英語でいうとき、「今日」＝「残業」ではないから、Today is extra work. では意味をなさない。

　こちらは京都の二条城内の掲示だ。「日本のおかしな英語」の見本として、外国人観光客には有名な下段の2行。どこがどうおかしいだろうか。

サンプル1

おことわり
Notice

本日二の丸庭園の滝が、工事に伴い水を流しておりません。
何卒ご了承ください。

TODAY IS UNDER CONSTRUCTION
THANK YOU FOR UNDERSTANDING.

ちょっとヒント 「今日は工事中です」という日本語の直訳になっている

The water fall of the Ninomaru Garden is under construction.
　　　　　　Ⓐ
　　Ⓑ

　掲示の Today is under construction は、Ⓐtoday「今日」という日が、Ⓑunder construction「工事中」と言っているようで意味不明だ。正しい「A is B」型の原則（A＝B）にしたがい、Ⓐ is under construction「Ⓐは工事中です」のAには、工事中の場所自体が入らなくてはならない。

■前置詞を使ってA＝Bにできるケース（1）

　これは博多駅構内で見つけた案内板。さて、どう直せばいいだろうか。

★ちょっとヒント
「レンタカー」＝
「右側」ではない

Rent-A-Car is on the right side.
　　Ⓐ　　　　　Ⓑ

　Ⓐ「レンタカー」は、Ⓑ「右側」というモノでも、状態でもない。だから、このような「A is B」型では意味が通らない。ここでⒶとⒷをイコールで結べるようにするには、be動詞の後に前置詞onを挿入し、on the right side「右手にある」などとすればよい。

■前置詞を使ってA＝Bにできるケース（2）

那覇のカフェにはこのような掲示があった。
どこがおかしいだろうか。

お手洗いは2階と3階です
A Restroom Is The Second Floor And The Third Floor

★ちょっとヒント
カフェの2階と3階
すべてがトイレ？

Restrooms are (located) on the second
    Ⓐ   Ⓑ
and third floors.

A=Bの関係が成り立つように、前置詞onを入れる。またトイレ
は複数存在するため、restroomsと複数形にする。

■名詞句にすることで Ⓐ（主語）に意味の幅をもたせる

京都のある神社で、おみくじ売り場に貼られていたポスターだ。
ここでのfortuneは「おみくじ」を指している。とくに英文の下段
を見てほしい。どこがおかしいだろうか。

初穂料 ￥500
It is fortune of English and Japanese.
This fortune is original shrine.

★ちょっとヒント
「このおみくじは
独自の神社」？

Fortune slips issued here are our original.
           Ⓐ   Ⓑ

　ひとつ目の文も問題があるが、ここではふたつ目の文について考えてみよう。**Ⓐ**fortune「おみくじ」 = **Ⓑ**shrine「神社」と言っていて明らかにヘンだ。「おみくじ」=「この神社独自のもの」となるように、例えば、「ここで発行されるおみくじは、この神社独自のものです」などという英文にする必要がある。

■**Ⓑ**（補語）を名詞ではなく「形容詞」にして**Ⓐ**とつなげる

　京都のカフェで見つけた看板だ。Just time is the order of only a drink and dessert とあるが、根本的に間違っておりまったく意味をなさない。正しい「A is B」型の文にするには、どうしたらいいだろうか。

★ちょっとヒント
Ⓐtime「時間」=
Ⓑthe order「注文」
ではない！

Only drinks and desserts are available now.
　　　　　　　　　　Ⓐ　　　　　　　　　　　　　Ⓑ

　Ⓐ（主語）を time ではなく drinks and desserts「飲み物とデザート」にして、形容詞 available「入手可能」を be 動詞に続く**Ⓑ**とすれば、すんなり意味が通じる。

03 駅のトイレ案内

間違いやすさ ★★★★★ 　難易度レベル ★☆☆☆☆

名詞（主語）の単数形・複数形に
動詞も合わせる？ 合わせない？

　こちらはある駅の改札口近くで見つけた、トイレの位置を示す掲示。日本語と比べ英語はずいぶん短く省略されていて、大胆な間違いもある。どこがおかしいだろうか。

サンプル1

> # トイレ
> ## Toilets
>
> 改札の外に
> ございます
> ご利用の際は係員へ
> お声かけください
> Toilets is outside the
> ticket gate.

ちょっとヒント　主語は単数なのか複数なのか？

■主語と動詞の数は一致させなければならない

ロンドン・シティ空港で見つけたトイレの位置を示す下の掲示と比べてみよう。

There <u>are</u> additional toilet <u>facilities</u> located in the main area of the departure lounge next to Caffé Nero.

「メインの出発ラウンジのカフェネロの隣にもトイレ設備があります」

additional toilet facilities（複数）という主語に対して、複数形の動詞areが使われており、主語と動詞の数がしっかり一致していることがわかる。

日本語は主語が単数だろうと複数だろうと、動詞の形は変わらない。だから英語を使うとき、主語と動詞の数の一致を忘れやすい。前頁の掲示がまさにそれだ。toilets（複数）に対して、単数形のisが続いている点がおかしい。

Toilets (are) outside the ticket gate.
「トイレは改札の外にございます」

■「主語と動詞の数の一致」の例外

「エデン求人会社はエセックス通り20番の
刺激的で新しいオフィスに移転しました」

　こちらはアイルランドの首都ダブリンにオフィスを構える会社の
移転を知らせる掲示だ。Eden Recruitment（会社名）が主語、動詞
がhave。これでは数の一致の原則に反している。では間違ってい
るのだろうか？　いや、これはこれで正しい。どうしてか？

　英語には**集合名詞**と呼ばれる名詞がある。例えば下記のようなも
のだ。

committee	委員会
family	家族
jury	陪審員団
team	チーム
company ／ firm	会社

「委員会」は委員長以下複数の委員から成る。このように、複数の
構成員あるいは構成要素が集まってできている集まりを表すのが集

合名詞だ。**この種の集合名詞は、形の上では単数形でも、個々の構成要素のことを意識して「複数あつかい」する場合がある。**

　複数の人が集まってできている company, firm「会社」も同様だ。だから会社の名前も同じく集合名詞として考え、単数形でも動詞は複数あつかいすることがある。

■単数形の主語＋複数形の動詞の場合

COME ON IN -
OUR OUTSTANDING TEAM ARE
READY TO LOOK AFTER YOU

「ようこそ。素晴らしいスタッフ（ひとりひとり）があなたのお越しをお待ちしています」

　ロンドンのパブの入口に掲げられていた掲示だ。our outstanding team（単数形）に対し複数形の動詞 are が使われているのは、スタッフ各人のことが意識されているから。

　単数形の集合名詞を複数あつかいする例はイギリス英語に顕著で、アメリカ英語では単数形なら単数あつかいすることが多い。しかし、左頁の表にも挙げた committee のように個々の要素が意識されている場合は、複数あつかいされることもある。アメリカのニュース専門放送局 CNN の宣伝文句 CNN go there などは、まさにそれにあてはまる。

なぜ米国版『ハリー・ポッター』は書き換えられたか？

イギリスとアメリカの英語にはさまざまなちがいがある。このためイギリスで書かれた小説がアメリカで出版される際、アメリカ風の言葉づかいに書き改められることがある。

1997年から約十年かけて出版されたイギリスの人気ファンタジー・シリーズ『ハリー・ポッター』のアメリカ版でもそうした書き換えがなされた。改変された箇所のなかには、「集合名詞」の用法と関連するものが相当数含まれている。

いくつか例を見てみよう。ハリー・ポッターの通うホグワーツ魔法学校の学寮のひとつにグリフィンドールという名前の学寮がある。学寮は多くの学生で成り立っていることから、イギリス版ではGryffindorはしばしば複数あつかいされている。

> ## Gryffindor <u>haven't</u> won for seven years now.
> 「グリフィンドールは7年間勝っていない」

クィディッチというスポーツの試合でグリフィンドールが7年間勝っていないことを述べた文だが、アメリカ版ではこの箇所がGryffindor hasn't won … と単数あつかいに書き換えられている。

次の例もイギリス版ではGryffindorが複数あつかいだが、アメリカ版では少し異なる。

> 英 **Gryffindor <u>have</u> the quaffle.**
>
> 米 **<u>The Gryffindors</u> <u>have</u> the quaffle.**
> 「グリフィンドールがボールをキープしている」

quaffleは試合で使うボール。パスを回しながらボールを持っているのはグリフィンドール側だと言っている。チームのメンバー個々がより明確に意識されている文だ。そのニュアンスを出すため、アメリカ版ではThe Gryffindors「グリフィンドールチームのメンバーたち」と書き改められている。

次の例にも、集合名詞に対する英米での感覚のちがいが表れている。

> 英 **And Gryffindor really can't afford to lose any more points, can <u>they</u>?**
>
> 米 **And Gryffindor really can't afford to lose any more points, can it?**
> 「グリフィンドールはもう1点も失う余裕はないよね？」

文末の付加疑問「〜だよね？」の部分がそれで、イギリス版はGryffindorをtheyで、アメリカ版ではitで受けている。

04 カフェ・駅にて

間違いやすさ ★★★★☆　　難易度レベル ★☆☆☆☆

主語と動詞のミスマッチ!!
基本は「(主語)が…する」

　次の掲示は那覇のカフェにあったもの。日本語と見比べると、こういう英文になってしまった理由も何となく想像がつくが、これでは意味をなさない。どこが問題かわかるだろうか。

　下のものは那覇市内を走る「ゆいレール」の駅にあった掲示。カフェの看板と同じ人物による英文かと思いたくなるほど、間違え方が似ている。

サンプル2

The One-day pass
　　can use for 24hours
　　　　　　　（￥７００）
The two-day pass
　　can use for 48hours
　　　　　　　（￥１,２００）

 ちょっとヒント　主語が動詞の「行為者」になっているか?

■主語と動詞の関係性を考える

次のロンドンでよく見るブルー・プラーク（建物の来歴を伝える銘板）の例で、正しい英語に直すにはどうすればいいかを考えてみよう。

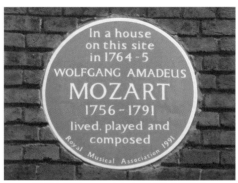

「1764–5年にモーツアルト（1756–1791）は
この場所にあった家に住み、演奏し、作曲した」

Mozart lived, played and composed「モーツアルトが住み、演奏し、作曲した」がこの銘文の中核だ。この例のように、文の柱となる「主語＋動詞」は、多くの場合「主語は〜する」を表す。

Customers can smoke in the terrace.
「テラス席は喫煙可能です」

まずはサンプル1だが、たばこを吸うのはカフェに来た客だから、動詞smoke「喫煙する」にかかる主語は「客」となる。

Passengers can use <u>a one-day pass</u> for 24 hours.

　次はサンプル2について。一日券を使うのは乗客なのだから、動詞useに対する主語は「乗客」。また、useは「…を使う」という意味だから、「…を」の部分を埋める目的語a one-day passが必要。

　ただし、掲示文としては、A＝B型の文を使って次のように書いたほうがそれらしい。

 <u>One-day pass</u> is <u>valid</u> for 24 hours.
　　　　　 Ⓐ　　　　　Ⓑ
「一日券は24時間有効です」

Let's try!

Question

こちらの「駐輪禁止」の張り紙に書かれた英語には多くの問題が含まれている。どこが問題で、どう直せばよいだろうか?

Don't put a bicycle.

When placing without notice, it removes promptly and it reports to the police.

駐輪禁止

許可無く駐輪した場合、警察へ通報し撤去します。

　いちばん気になるのは、主語と動詞の関係性だ。it removes や it reports の it が何を指すのかも不明だが、いずれにしろ、it「それ」が撤去したり報告したりするのは明らかにおかしい。撤去・報告するのはこの掲示を出している「私たち」のはずだから、いずれも主語を we とする必要がある。また、remove は他動詞なので後ろに目的語 it (= bicycle) が必要。適切な文例としては、たとえば次のようなものが考えられる。

Answer

No bicycle parking. If you park your bicycle here without notice, we will remove it promptly and report it to the police.

05 駅のエレベーター

間違いやすさ ★★★★★ 　難易度レベル ★☆☆☆☆

番号を振られた名詞の単複はどうあつかうべきか？

　こちらはエレベーターの位置を知らせる表示。情報自体は単純。英訳もこれでおそらく意図は通じるだろう。英語では使わない「・」が気になるが、それ以外にはどんな問題があるだろうか？

サンプル1

エレベーター
〔1・2番線ホームゆき〕
Elevator to Platform No.1・2

ちょっとヒント　その名詞は単数形？ 複数形？

　「ひとりの人」「大勢の人」といったように、日本語では単数でも複数でも名詞の形（ここでは「人」）は変わらない。だから英語を使う際、名詞を複数形にし忘れてしまいやすい。このエレベーターのおかしな英語掲示にも同じことが言える。

■複数あるものには複数形を使う

ロンドン・ヒースロー空港で見つけた掲示と比較してみよう。

BRITISH AIRWAYS

Customer service
There are two Customer
service desks nearby.
Please follow the signs
for Gate A10, or for
Gates A13 and A14.

「カスタマーサービスのコーナーはこの近くにふたつあります。
A10ゲート、あるいはA13およびA14ゲートのサインに従って進んでください」

A10ゲートのほうはゲートがひとつなのでGateと単数形だが、
A13およびA14ゲートのほうはゲートがふたつだからGates A13 and
A14と複数形になっている。

　左頁の駅の表示も、これと同じように修正する必要がある。1番
線・2番線といいたいのだから、Platformは2カ所（複数）だ。英語
で「・」は使わないから、Platforms 1 and 2とするのが正しい。

😵 **elevator to platform No. 1・2**

😄 **elevator to platforms 1 and 2**

「1・2番線ホームゆきエレベーター」

No. ／vol. などの略語の複数形はどう書く?

CASE05のおかしな英語にあったnumberを意味する略語 No. は、後ろに続く数字がひとつの場合に限られ、No. 1 and 2 というような使い方はできない。

No. の後に続く数字が複数ある場合は、複数形 Nos. を使って Nos. 1 and 2 とする。だから、先の表示でいえば **Platforms Nos. 1 and 2** となる。ただ、複数形がふたつ続くのもくどいから、Nos. は省いて **Platforms 1 and 2** と、よりすっきりした形にしたほうがいいだろう。どちらも意味するところは何ら変わらない。

CASE05の場合のような複数形の使い方は、日常生活のなかにあふれているので、しっかりマスターしたいところだ。
以下はその一例。

Cars 3-5	「3 から 5 号車」
Volumes 1-5	「1 から 5 巻」(略形 vols.)
lines 8-13	「8 から 13 行」(略形 ll.)
parts 3 and 4	「第 3 部と第 4 部」
pages 23 and 35	「23 頁と 35 頁」(略形 pp.)
Rooms 1 and 2	「1、2 号室」

numberはなぜNo.なのか？
「？」と「！」の謎も同じ理由

　なぜNo. はnumberを表す略語なのか。oはどこから出てきたのかと不思議に思う人も多いだろう。これについて補足しておきたい。

　No. はnumberという意味だが、表記自体はそもそも別の語を略したものなのだ。すなわち、ラテン語で「数」を表す語numerusが語形変化したnumeroの最初と最後の文字を取って略したのがNo. 。もともとは（語形変化によるニュアンスにより）「数の上で」という意味で使われた。No. がnumero sign「ヌメロサイン」という名称で呼ばれているのがその証拠だ。これが、やがてnumberの意味で使われるようになっていった。

　単語の最初と最後の文字を取って略すという手法は他にも存在する。

　クエスチョンマーク「？」も、この方法で作られた略語からきている。このマークはもともと、ラテン語で「質問」を表すQUAESTIOの最初と最後の文字、つまりQとOとを縦に並べたもので、曲線を描いた部分はQが崩れたもの、下の点はOからきている。

　ついでにエクスクラメーションマーク「！」も、驚きを表すラテン語の間投詞IOを縦に並べたもので、下の点はやはりOからきている。

確認問題 CASES 01-05

　本編で見てきたさまざまな「おかしな英語」とその正し方を思い出しながら、次の掲示（英語部分）のおかしな点を指摘し、あなたなりの訂正案を書いてみよう。

問題1

表示がない**物**以外は
100円(税抜)です！
Item without a price tag
are all 100yen.(without tax)

あなたの答え

問題2

あなたの答え

問題3

　展示室は無料観覧となっておりますので、受付表に人数等ご記入よろしくお願いします。団体・グループはどなたか1名が記入し、合計人数を記入して下さい。

Admission free to the Exhibition Room. Please fill in the form.
Groups require one person to complete the form,
please note the number of visitors. Thank you.

あなたの答え

I WILL BE BACK
IN 5min~15min

あなたの答え

CAUTION !
・These machines accepts only 100 yen coin.
　Please don't put any other coin.

あなたの答え

■動物の捕獲は禁止
されています

■Catching animals are
strictly prohibited

あなたの答え

正解例

Items without a price tag are all 100 yen. (excluding tax)

　主語 item（単数形）に対し、複数形の be 動詞 are が使われている点がおかしい。主語を複数形にして動詞の数と一致させる必要がある。（税抜）は excluding tax, exclusive of tax, tax excluded などのほうがよい。

Entrance is on the left side.

　entrance「入口」= side「側」ではないので、A = B の関係が成り立っていない点に問題がある。entrance「入口」= on the left side「左側に（ある）」の関係になるようにする。

We require a group of people to fill in the name of any one person and the total number of people in the group.

　2行目の Groups require ... の部分に大きな問題がある。require は「（主語が）〜を求める」の意で、現状では「グループがひとりが〜することを求める」という意味になっている。ここで受付表への記入を「求めて」いるのは「グループ」ではなく、この施設の側なので、主語は We などが適切だ。

I will be back in 5-15 <u>minutes</u>.

　5min~15min の部分に問題がある。5分も15分も、複数の「分」から成るので、5 minutes, 15 minutes と複数形であるべきだ。minute の略形 min を使う場合も mins と複数形にする。また英語の文では普通「~」は使わないので、ハイフン「-」にする。

These machines <u>accept</u> only 100-yen <u>coins</u>. Please don't put any other <u>coins</u>.

　These machines という複数形の主語に対して、三人称単数現在形の -s がついた accepts が使われている点に問題がある。主語と動詞の数を一致させる必要がある。また、2ヵ所の coin はどちらも複数形に。

Catching animals <u>is</u> strictly prohibited.

　文の主語は Catching なのに、animals に引きずられて複数形の be 動詞 are が使われている点に問題がある。主語と動詞の数が一致するよう is に換えれば正しい文になる。

06 鉄道駅構内のポスター

間違いやすさ ★★★★☆　難易度レベル ★☆☆☆☆

ふたつの文を
ひとつにつなげたいときは？

　こちらは、歩きスマホ禁止を謳ったJR東海のポスターにあった英文だ。「スマホに夢中、スマートではありません。スマートフォンを使用しながらホーム上を歩くのは大変危険ですのでご遠慮ください」という日本語と、ホームから落ちそうな男性の絵が併載されている。

サンプル1

Using your mobile phone while walking on the platform is extremely dangerous, please refrain from doing so.

　「スマホ」と「スマート」をかけた言葉遊びが英語版では消えているのはちょっと残念だけれど、あとはこれで良さそうに見えるかもしれない。しかし、細かいところがやっぱりおかしい。さて、どこが問題だろうか？

 カンマ「,」に注目！

■ふたつの文をつなぐには

　こちらは、「チューブ」の名で知られるロンドンの地下鉄のドアに貼られていた注意書きのステッカー。

Items trapped in the doors cause delays

Please keep your belongings and clothing clear of the doors

「ドアに物が挟まれると電車が遅れます。
持ち物や服をドアに近づけないでください」

　JR東海の掲示文はふたつの文がカンマで区切られひと続きになっているのに対し、ロンドンの地下鉄のほうは、ふたつの文になっている。**英語では、ふたつの文をつないでひとつの文にするには接続詞が必要だ。**カンマでは接続詞のように文と文をつなぐことはできないから、左頁のJRポスターではここを直す必要がある。

　簡単な解決策としては、まずカンマをピリオドに換えてふたつの文に分ける。あるいは、日本語版に合わせてひと続きの文にしたいなら接続詞を使う。例えば、As using your mobile phone ...,　というように、文頭に「…なので」を意味する接続詞Asを使えば一文にすることができる。

Using your mobile phone while walking on the platform is dangerous, please refrain from doing so.

カンマではふたつの文をつなぐことはできない

> :smile:
>
> **Using your mobile phone while walking on the platform is dangerous. Please refrain from doing so.**
>
> ピリオドでふたつの文に分ける
>
> **As using your mobile phone while walking on the platform is dangerous, please refrain from doing so.**
>
> 接続詞Asをつければ、一文で「スマートフォンを使用しながらホーム上を歩くのは大変危険なのでご遠慮ください」という意味にできる

■2種類の接続詞

接続詞には2種類あり、それぞれ等位接続詞と従属接続詞という。

等位接続詞	and, or, but, yet, so など
従属接続詞	because, since, as, when, where, while, that, before, after, until, if, unless, whether, though など

等位接続詞は、I enjoyed it but he didn't.「私はそれを楽しんだが彼は楽しまなかった」のように使う。**等位接続詞でつながれたふたつの文には同等の比重が置かれる。**「私はそれを楽しんだ」ということと「彼は楽しまなかった」ことの両方を同時に言おうとするものだ。

一方、従属接続詞は、I enjoyed it, though he didn't.「彼はそれを楽しまなかったが、私は楽しんだ」のように使う。話の中心はI enjoyed it「私はそれを楽しんだ」のほうで、接続詞以下の「彼は楽しまなかったが」はおまけの情報だ。**従属接続詞は中心的な話題に付随する情報を示すとき使われる。**

Let's try!

Question

次の掲示を読み、どこが問題で、どう直せばよいかを考えてみよう。

We stock 40+
Essential Oils.
If we don't have
the one you want,
please ask, we
may be able to
order it for you.

「40種以上のエッセンシャルオイルを取り揃えています。もしお探しのものが見つからない場合はお尋ねください。お取り寄せをすることができるかもしれません」

　この掲示は、ふたつの文で構成されているかのように書かれているが、実際には3つの文から成る。つまり、文を終わらせるべきところで終わらせていないのが問題なのだ。If we don't have ... から始まる文は、please ask「お尋ねください」で終わり、その次の We may be... からはまた新たな文が始まる。にもかかわらず、この二文をカンマでつないでしまっている。このカンマをピリオドにすれば正しい文となる。

Answer

We stock 40+ Essential Oils.
If we don't have the one you want, please ask.
We may be able to order it for you.

07 空港の放棄品箱

間違いやすさ ★★★★☆　　難易度レベル ★★☆☆☆

主節がなければ
文にはなりえない

　残念ながらいまだに日本の空港は「おかしな英語」の宝庫だ。こちらは羽田空港国際線ターミナルの放棄品箱（機内に持ち込めないものを捨てる場所）に添えられていた掲示。短い文だがおかしな点が複数ある。いくつ気がつくだろうか。

サンプル1

If you don't mind to discard the prohibited items such as knives , scissors and lighters.
Please put them into this box.

「もしナイフ、ハサミ、ライターのような持ち込み禁止のものを
放棄していただけるのであれば、この箱に入れてください」

 ふたつの文に分かれているが……

■mindとtheの用法

　まず動詞mindの使い方がおかしい。**mindの後ろにくるのは -ing 形（動名詞）で、to不定詞は使えない**。よって、mind to discard は mind discarding が正しい。しかし、If you don't mind -ing「…するのが嫌でなければ」は、嫌ならしなくてもいいというニュアンスを含むため、放棄が規則であることを伝える本来の文脈には合わない。

また、prohibited items「(持ち込みが)禁止されているもの」に **the をつける**と、「その禁止物(そのナイフ、そのハサミ、そのライター)」と、特定のものを指す意味合いになってしまう。ここでは「禁止物」全般のことを言いたいので the は不要だ。

■従属接続詞Ifで始まる節「もし～なら」
　だけでは、文は完結しない

　もう少し大きな間違いについて。羽田空港の掲示はふたつの文があるように見えるが、じつは初めの文は文になっていない。CASE06で見たように、If「もし」は従属接続詞で、文の中核となる「主節」に付属する「従属節」を作るために使うものだ。しかし、主節がなければ文にならない。

　ロンドン・ヒースロー空港で見つけた例で確認してみよう。

「バーコードのついた搭乗券をお持ちの場合は、
自動ゲートを使ってください」

　「(もし～なら)どうなのか」は、カンマ以降の主節で述べられており、そこがもっとも重要な部分だ。

please use the automated gate「自動ゲートを使ってください」
がそれに当たる。

ところが羽田空港の掲示はこの原則に従わず、「もしナイフ、ハサミ、ライターのような持ち込み禁止のものを放棄していただけるのであれば」という不完全な状態（従属節のみ）で文を終わらせてしまっている。

この誤りを正すには、If節の最後をピリオドではなくカンマにし、次の文とつなげればいい。小さなことのように感じるかもしれないが、このちがいは大きい。

If you don't <u>mind to discard</u> <u>the</u> prohibited items such as knives, scissors, and lighters<u>.</u> Please put them into this box.

文法的には mind discarding が正しいが……。特定のものを指し示す the は不要。
従属節だけでピリオドを打つのはおかしい

従属節
If you have prohibited items
such as knives, scissors, or lighters,

「もしナイフやハサミ、ライターなど持ち込み禁止のものを所持していたら」

主節
please put them into this box.

「この箱に入れてください」

■どんな文でも主役は「主節」

英文の中核をなすのは「主節」。それに付属する「従属節」は脇役で、話題の核にはなれない。だから、主節と従属節のちがいを理解しないまま英文を読むと、頓珍漢な解釈をしてしまう恐れがある。

主節と従属節との見分け方は簡単で、ifのような従属接続詞で文が始まるのが従属節だ。従属節は、主節の前に置いても後ろに置いてもよい（主な従属接続詞はp.38参照）。

ロンドンのガレージに貼られていた掲示を見てみよう。

「シャッターが止まるまで、黄色い線より先に進まないこと」

いちばん言いたいのは、「黄色い線より先に進まないように」と注意する主節で、従属接続詞until以下は「シャッターが止まるまでは」という但し書きの役割を果たしている。

> **主節**
> **Do not cross yellow line**
> **従属節**
> **until shutter has stopped.**

Special Point

「英文法」が通用しない「くだけた英語」

CASE07で、従属節だけでは文にならないと聞いて、あれっと思った人がいるかもしれない。

例えば、Why do you think so?「どうしてそう思うのですか」と聞かれて、Because ….「なぜなら…」と答えるときには、becauseから始まる従属節だけで完結できるではないかと。

しかし、これはIt is because ….「それは…だからです」の略形で、省略を補えばしっかりした文の形になる。

話し言葉においてはいろいろなものが省略され、結果として従属接続詞から始まる節だけが独立して使われることもある。しかし、それはあくまでもくだけた略形で、根底には「主語＋動詞」を中心とする見えない主節が存在している。

学校で習うような「英文法」は「きちんとした英語」には通用するが、話し言葉やツイッター、インスタグラムなどで使われるくだけた英語では通じない場合も多い。

とりわけ目立つのは、主語の省略だ。「英文法」的にいえば、命令文など一部の表現を除いて、つねに主語は必要なのだが、しかし、くだけた英語ではよく主語が省略される。

例えば、アメリカのトランプ大統領によるツイッターの例がわかりやすい。

Donald J. Trump ✓
@realDonaldTrump

Following ∨

Spoke to President Xi of China to congratulate him on his extraordinary elevation. Also discussed NoKo & trade, two very important subjects!

© Twitter/Donald Trump

「中国の習首席と話し、彼の異例の地位昇進をお祝いした。
北朝鮮と貿易というふたつのとても重要な問題についても話した！」

　このツイートはふたつの文から成っているが、いずれも Spoke や Also discussed と、いきなり動詞から始まっていて主語がない。North Korea を NoKo と略しているのは、入力の手間を省いたり（字数制限に引っかからないように）、字数を節約したりするためだろう。

　同じように、主語の省略も手間を省いたり字数を節約するのに役立つ。

　そういう事情も後押しして、主語の省略は SNS などを中心に、私的でくだけた文章で非常によく使われるようになっている。

08 地下鉄のエスカレーター（1）

間違いやすさ ★★★★☆　　難易度レベル ★☆☆☆☆

数えられない名詞には
冠詞aや複数形のsはつけない

　都内の地下鉄駅に設置されたエスカレーターの近くで、次のような掲示を見つけた。「もし大きな荷物をお持ちの場合は、エスカレーターの左側にあるエレベーターをお使いください」と言いたいのだろう。改善すべきところはどこだろうか。

サンプル1

If you have a big
luggage, please use
the Elevator in the left
side of the Escalator

 ちょっとヒント　a big luggageに注目！

■不可算名詞のルール

　ElevatorやEscalatorの頭文字は本来小文字だし、「…の左側の」にはinではなくonやtoを使う。ただ、それらの問題はさておき、

ここでは a big luggage の部分をよく見てほしい。

aがついているが、luggage は数えられない名詞（**不可算名詞**）だから、a luggage や two luggages のように、aをつけたり、複数形にしたりすることはできない。

😖 **If you have <u>a</u> big luggage, …**
luggage は不可算名詞なので、aはつけられない

😄 **If you have big luggage, …**

Please use the lift with heavy luggage.

「重い荷物を持った人は
エレベーターを使ってください」

ℹ **Information**

Please collect outsize baggage from reclaim belt 11

「標準外サイズの荷物は11番の返却ベルトで
受け取ってください」

左はロンドンの地下鉄駅で見つけた、似たような内容の掲示だ。heavy luggage とあり、aもsもついていない。右はヒースロー空港の掲示。ここで用いられている荷物という意味の baggage も、やはり不可算名詞だから、aもsもついていない。

luggage, baggage のように、日本語的な感覚では数えられそうな気がしても、英語では「数えられない」とされる名詞は意外に多い。aをつけたり複数形にしたりできない「不可算名詞」として覚えておこう。

数えられないモノの数え方

---

information「情報」

furniture「家具」

advice「助言」

news「ニュース」

knowledge「知識」

evidence「証拠」

これらは、すべて数えられない名詞だ。だから、aをつけたり複数形にしたりして使うことはできない。

しかし、three furnituresと言えないのだとしたら、「三点の家具」のように数えたいときはどうすればよいだろうか?

数えられない名詞を数えたい場合には、数えられる名詞と組み合わせる。例えば、a piece of information「ひとつの情報」、three pieces of furniture「三点の家具」、four pieces of advice「四つの助言」のように、いずれもa piece of やpieces of を使えばよい。

water, milk, coffee, tea, beer, wine のような液体を表す語も、基本的に数えられない名詞だ。リンゴやみかんのように一つひとつが決まった形をしているものは数えられるが、液体には決まった形がないためだ。この種のものを数えたい場合には、例えば、a glass of water「グラス一杯の水」やtwo cups of coffee「カップ二杯のコーヒー」、a bottle of wine「ワイン1本」といった

ように容器に入れてやればいい。また、a loaf of bread「パン1斤」、a bar of chocolate「板チョコ1枚」などのように、具体的な形がイメージできる言葉を補えば不可算名詞も数えられるようになる。

　同じ理屈から、カフェやレストランなどで出る飲み物は、あらかじめ量が決まったカップやグラスで出てくる（最初から形が決まっている）ことを前提として、a coffee や four beers のように、通常は数えられない名詞も数えられる名詞としてあつかわれる。

「ビール4杯とハンバーガーひとつで20ポンド」

09 レストランの外国語案内

間違いやすさ ★★★★☆　難易度レベル ★☆☆☆☆

staff や teamは集合体を表す単語！ 人数を表すには別の語とセットに

　観光地では、外国人旅行客のために英語のメニューを用意したりするレストランやカフェが増えている。こうした店にはしばしば次のような案内があるが、以下ふたつの掲示に見られる共通したおかしな点がわかるだろうか？

サンプル1

English menu is Available.
Please tell a staff.

本店有中文菜谱。
如果需要，请打听给我们的员工。

한국어메뉴도 있습니다.
필요하신 고객님께서는 직원에게
문의하여 주십시오.

英語・中国語・韓国語のメニューをご用意しております。
スタッフにお申し付けくださいませ。

サンプル2

English staffs are available in here!

ちょっと
ヒント　その名詞は数えられる？

　日本語では「5人のスタッフ」といえるが、**英語のstaffは集合名詞だから具体的な人数は表せない。**team「チーム」という語と似ていて、「従業員・関係者の集合体」を意味する。だから、**staffという語で従業員各人のことを表すことはできないのだ。**staffsという複数形が使えるのは、「A社のスタッフとB社のスタッフ」のように、異なる「スタッフの集合体」が複数存在する場合だけだ。

　左頁の掲示ではどちらもstaffを「（個々の）従業員」を意味する語としてあつかい、a staffで「従業員ひとり」、staffsで「複数の従業員」と言おうとしている点が間違っている。

　では、日本語と同じような感覚で「スタッフ（従業員、関係者）」と言いたい場合はどうしたらいいのか？　ロンドンの地下鉄駅構内で見つけた次の掲示が参考になる。

If you see fire or smoke

1. Operate the fire alarm. No sound will be heard but the Fire Brigade will be called.
2. Tell any staff member the location of fire or smoke.
3. Follow instructions from staff or emergency services.

「火や煙を見たら、1. 火災警報器を作動させてください。音は鳴りませんが、消防隊が来ます。2. スタッフに火災や煙の位置を伝えてください。3. スタッフあるいは救急隊員の指示に従ってください」

■個別の人を表すmemberとセットにする

前頁の掲示文「2.」に見られるように、集団の中の一人ひとりを意味する member と組み合わせ、staff member とすると、日本語の「スタッフ」と同じように個々のスタッフを表すことができる。

この表現を使えば、a staff member「ひとりのスタッフ」、five staff members「5人のスタッフ」のように、人数を数えることが可能だ。

😖 Please <u>tell</u> a staff.
aをつけて使わない

😄 Please <u>ask</u> a staff member.
「スタッフにお尋ねください」

😖 English <u>staffs</u> are available in here.
この文脈では、複数形にはできない

😄 English-speaking <u>staff members</u> are available.
「当店には英語を話せるスタッフが数名います」

あるいは次頁上の掲示のように、a member of staff という形を使うことも可能だ。

「販売員募集中　スタッフに履歴書を提出してください」

　下の写真は、オクスフォードの街角で見つけた掲示。小売店やレストランなどでは、team という言葉も staff「店員」と同じ意味でよく使われる。

「仕事あります。店で私たちと一緒に働く従業員および
あらゆるレベルの管理職を探しています」

　staff が個々のスタッフのことを表せないのは、team が「チームのメンバー（ひとり）」を表せないのと同じだ。

確認問題 CASES 06-09

　本編で見てきたさまざまな「おかしな英語」とその正し方を思い出しながら、次の掲示（英語部分）のおかしな点を指摘し、あなたなりの訂正案を書いてみよう。

問題1

以下の手荷物は3番カウンターにて
承ります
Following baggages are accepted
at counter No.3.

ペット
Pets

楽器
Music
Instruments

スノーボード
Snowboards

スキー
Skis

あなたの答え

問題2

・You cannot reserve a seat with JAPAN RAIL PASS by ticket vending
machines, please go to a ticket counter.
ジャパンレールパスをお持ちのお客様は窓口へお越しください。

あなたの答え

FREE INTERNET

Libre   Gratis

For free internet access, connect to our wireless network then use your browser to check in on **facebook**.

「無料でインターネットにアクセスするには、ワイヤレスネットワークに接続し、それからブラウザを使ってフェイスブックでログインしてください」

あなたの答え

We check these toilets regularly, however if anything requires our attention please tell a member of staff.

Thank you

「トイレは定期的に点検していますが、
対処すべき問題がありましたらスタッフにお知らせください」

あなたの答え

正解例

問題1の答え

Following <u>items</u> are accepted at counter No.3.

　数えられない名詞の baggage が複数形になっているのがおかしい。この場合は、baggage の代わりに items など、数えられる名詞を使うとよいだろう。

問題2の答え

❶ You cannot reserve a seat with JAPAN RAIL PASS by ticket vending machines<u>.</u> Please go to a ticket counter.

❷ You cannot reserve a seat with JAPAN RAIL PASS by ticket vending machines<u>, so</u> please go to a ticket counter.

　ふたつの文がカンマでつながれている点に問題がある。**カンマをピリオドに換え、ふたつの文に分ければ問題は解消される**（❶）。もしくは、接続詞 so などで文をつなぐこともできる（❷）。

...connect to our wireless network, <u>and then</u> use your browser

この掲示では、connect to your wireless network「ワイヤレスネットワークに接続してください」と、use your browser to check in on facebook「ブラウザを使ってフェイスブックでログインしてください」というふたつの命令文がthen「それから」でつながれている。しかし、then は副詞であり、接続詞ではないから文と文をつなぐことはできない。正しい文とするには、and then のように接続詞を加える必要がある。接続詞なしで二文をつないでしまう間違いは、ネイティブスピーカーでも犯しがちだ。

❶ We check these toilets regularly, <u>but</u> if anything requires our attention. please tell a member of staff.

❷ We check these toilets regularly. <u>However,</u> if anything requires our attention. please tell a member of staff.

副詞 however が接続詞のように文と文をつないでいる点がおかしい。例えば、似た意味の接続詞 but や yet に置き換えるか（**❶**）、あるいは However の前で一度文を終え、However, 以降は新たな文とする（**❷**）ことで問題は解消される。

10 私鉄駅構内（不審者、不審物について）

間違いやすさ ★★☆☆☆　難易度レベル ★☆☆☆☆

-sで終わる複数形名詞の所有格は どう書けばいいのか？

　世界のあちこちでテロが起きる時代となって久しく、不審者や不審物を見かけたら通報するようにとの掲示が日本でも増えてきた。次の写真は都内の私鉄駅構内にあった掲示の英訳版だが、明らかにおかしいところがある。おわかりになるだろうか？

サンプル1

Notice of Special Vigilance

We are excercising special vigilance by strengthened patrols and security cameras for passengers's safety.

If you see suspicious persons and/or packages in the station or in the train, please inform the station staff, the crew, or the police on patrol.

Thank you for your cooperation.

KEIO　　　　　　　　　　　　　　**Stationmaster**

「乗客の安全のため、パトロールの強化や防犯カメラによる特別警戒を行なっています。駅構内や車内で不審者や不審物を見かけたら、駅係員、乗務員、あるいは巡回中の警察官に通報してください。ご協力ありがとうございます」

ちょっとヒント　複数形名詞の所有格はどう書くか

■所有格を表す-'sをつけない複数名詞

5行目の「車内で」はon the trainとしたほうが自然だが、in the trainでも文法・意味の両面で問題はない。まあよしとしよう。明らかにおかしいのは、3行目のpassengers's safetyの部分だ。

男性単数の人称代名詞がhe-hisと格変化するのと似たような感覚で、Billy's のように、名詞の末尾に -'s をつけると所有の意味を表すようになる。しかし、この -'s はあらゆる名詞につけられるわけではない。左頁の掲示は、本来 -'s をつけることができないpassengers につけてしまっているところに問題がある。

英国・オクスフォード大学の学寮に貼られていた下の掲示と比較してみよう。

HOW TO MAKE A CALL TO A NUMBER OUTSIDE OF THE UNIVERSITY OF OXFORD

1. Purchase a pre-paid calling card from the Porters' Lodge at Tom Gate or another retail outlet in Oxford. THE PRE-PAID CALLING CARD ACCESS NUMBER MUST BE A FREE CALL STARTING WITH 0800

「オクスフォード大学以外の番号に電話をかける方法。1. トム・ゲートにある守衛室あるいはオクスフォードにあるその他の小売店でプリペイド式のテレホンカードを購入してください。プリペイドカードのアクセス番号は0800で始まる無料通話のものでなければなりません」

下から4行目に、Porters' Lodge「守衛室」というフレーズがある。porters' はporter「守衛」の複数＆所有格の形で、字義どおり

には「守衛たちの」という意味だ。この例のように、-sで終わる複数形の名詞を所有格にするには末尾にアポストロフィだけをつける。

> 😖 **for passengers's safety**
> -sで終わる複数形の名詞には所有格の-'sはつけられない
>
> 😄 **for passengers' safety**
> -sで終わる複数形の名詞を所有格形にするにはアポストロフィだけをつける。
> 発音は複数形と同じく「パッセンジャーズ」

　一方、同じ複数形の名詞でも -sで終わらないものには、例えばmen's clothes「男性用衣類」やchildren's book「児童書」のように、末尾に -'sをつけて所有格にすることができる。

　なぜこうした使い分けがあるかというと、発音の問題が大きい。-'s がつくと、綴りだけでなく発音も変わり、Billy's「ビリーズ」やmen's「メンズ」のように「ズ」音が加わる。一方、-sで終わる複数形名詞の所有格は末尾にもうひとつ「ズ」の音が加わることはない。例えば、passengers も passengers' も同じ「パッセンジャーズ」という発音だ。-sで終わる複数形の名詞には、最初から語末に「ズ」があり、所有格の「ズ」はこれに吸収合併され発音されない。新たに加わる音がないため、新たに加わる綴りもないということだ。

■アポストロフィを省略するケースも

　最近では、とくにツイッターや各種テキストメッセージなどにおけるインフォーマルな文において、アポストロフィを使わないで済ます人が増えてきている。そのため、通常のアポストロフィの使い方にもだいぶ混乱が見られる。

　次の例のように、あまりかしこまらない場面ではアポストロフィが省略されるケースも多い。

「男性およびお子様用の靴は二階です」

「お子さまの手には何も持たせないようにしてください」

　ひとつ目の例は、ロンドンの靴屋で見つけた表示。本来は**men's and kids' shoes**とすべきところだが、アポストロフィが省略されている。ふたつ目はイギリスの移動遊園地の乗り物の入場口に書かれていた注意書きだ。**child's hands**とすべきところがchilds handsとなっている。

耳で覚えると陥りやすいミス
——its と it's

　ネイティブスピーカーなら英語のことは何でも知っているかというと、必ずしもそうではない。ネイティブでも何が正しく何が間違いか、判断に迷う局面はいろいろあるようだ。

　面白いのは、彼らを惑わす問題のなかには、伝統的な日本の英語教育で文法を身に着けた人ならまず間違えないようなものがけっこう多いことだ。

　-'s の用法との関連でいえば、ネイティブスピーカーの中には、its と it's との区別に戸惑う人が少なくない。its は代名詞 it「それ」の所有格を表す語、it's は it is や it has などの省略形だ。

　よって、its と it's はまったくの別物。

　しかし、発音が同じだから、両者を混同してしまうネイティブスピーカーも少なくない。

　同様に、who の所有格形 whose と、who is や who has の略である who's についてもしばしば混同されることがある。同じ理由で、you の所有格形 your と you are の略 you're や、there, their, they're を書き分ける際にもときおり混乱が目につく。

　これらはいずれも、発音が同じか非常によく似ているために起こるトラブルで、読み書き・文法に重点を置かず、主に耳で聞くことで英語を覚えた人に多い間違いだ。

　ネイティブスピーカーが書く英語にしばしば見られ、われわれ日本人からすると目を疑うような別の間違いの例として、次のよ

うなものもある。

I should of done it sooner.
「もっと早くにそれをしておくべきだった」

「could, should, would などの助動詞＋of」という使い方がそれだ。

本来ならば、助動詞 should の後には動詞の原形が続かなければならず、代わりに of が来るのは明らかにおかしい。また、前置詞 of の後には名詞が来るはずだが、この文では過去分詞 done が来ており、この点もおかしい。

しかし、実際にこのような言葉遣いをするネイティブスピーカーが存在するのには理由がある。

助動詞の後に続く have は、少し早く発音されると of に聞こえるのだ（そのような発音を反映し、should've と綴ることもできる）。耳で会話を聞いて覚えた人が陥りやすい弊害で、ネイティブならではの間違いといえる。

I should have done it sooner.
「もっと早くにそれをしておくべきだった」

CASE

11 ガチャガチャの販売機

間違いやすさ ★★★ ☆ ☆　　難易度レベル ★★ ☆ ☆ ☆

受け身の文も
A＝B としなければならない

　カプセルトイは日本的な土産として外国人旅行客に大好評で、羽田空港の国際線ターミナルにも販売機（いわゆる「ガチャガチャ」）が多数置かれている。よって、カプセルトイの販売機には英語の説明もついていたりする。那覇のショッピングセンターに設置されたカプセルトイ販売機の説明書きを見てみよう。

サンプル1

手柄▼位置，即使當它被返回的錢按返回按鈕一起。
お金を返却される際もハンドルを▼の位置に合わせてから返却ボタンを押して下さい。
Press the return button to match the handle to the position of ▼ even when it is returned the money.

拡大して見ると…

Press the return button to match the handle to the position of ▼ even when it is returned the money.

 even when … 以下に注目！

■受け身の文は、A is B（A=B）でなければならない

　日本文もやや奇妙なのだが、even when … からの部分が謎だ。なぜeven「…でさえ」が必要なのかもよくわからないが受け身の

文を書き損ねているのが最大の問題だ。

　受け身（受動態）の文は、A is B（A＝B）の形になっていなければならない（p.12 参照）。Bにはつねに過去分詞が置かれ、「A は B される」という意味になる。掲示文にある it is returned だと「それが返却される」という意味になるが、「それ」が何を指すのか不明だし、最後に置かれた the money が何とどうつながっているのかも説明がつかない。

　ここではおそらく「硬貨が返却されるとき」と言いたいので、Ⓐには the coin「硬貨」、Ⓑには returned「返却される」を置き、when the coin is returned としなければいけない。

　これで文法的には正しくなった。しかし、おそらく掲示の趣旨は、いったん入れたお金を「返金したいとき」ということではないかと思われ、そうだとすれば、when you want to cancel your payment「支払いをキャンセルしたいとき」などとしたほうがよいだろう。

😖 **even when it is returned the money**

😄 **when <u>the coin</u> is <u>returned</u>**
　　　　　　 Ⓐ　　　　　　 Ⓑ

　文法的にはこれで合っているが……
　文脈上は↓こちらのほうがよいだろう

😄 **when you want to cancel your payment**

　「支払いをキャンセルしたいとき」

■受動態のA is Bはこう書け！

Please ensure children are supervised at all times.

「つねにお子様から目を離さないようにしてください」

> We suggest that <u>a bath mat is placed on the bathroom floor</u> before stepping on tiles with wet feet to avoid any chance of slipping.
> Thank you.

「転倒の危険を避けるため、濡れた足でタイルを踏む前に、バスマットを風呂の床に置くことをお勧めします」

　ヒースロー空港で見つけた左の掲示では、Please ensure (that) …「確実に…してください」の that 以下の部分に受け身の文が使われている。A is BのAにはchildren「子どもたち」、Bには supervised「監視される」が置かれており（主語が複数なので動詞はare）、直訳すれば「子どもたちは監視される」という意味になる。

　右の掲示はダブリンのホテルの風呂場で見つけたもの。We suggest that …「…することをお勧めします」以下の部分に受け身の文が使われているが、A は a bath mat「バスマット」、B は placed on the bathroom floor「風呂場の床の上に置かれる」となっており、全体として「バスマットが風呂場の床に置かれる」という意味になっている。

英語としては正しくても……

　日本各地で英語の掲示を観察していると、使われている英語は文法的に正しいものの、日本語で書かれた内容とずいぶんちがっているものを目にすることが多い。

　京都・錦市場近くの錦天満宮には、次のような掲示があった。ありがちなことだが、日本語版に比べて英語版では伝えるべき内容がだいぶ省かれている。

　日本語では、神社にはトイレがないことに加え、近くにあるトイレの場所が示されているが、英語では「(建物に)立ち入らないでください。当神社にトイレはありません」としか書かれていない。この内容では、切羽つまった人がトイレがどこにあるか尋ねるため神社の建物に入ってくる可能性は残り、根本的な問題の解決にはならないだろう。

境内にお手洗いはありません。
東隣にある新京極公園の
お手洗いをご利用ください。
(ここからは行けません)

这裡没有厕所
请別进入这裡

Please do not enter.
There is no restroom
in this Shinto shrine.

　大切な情報を省略したりせず、文の最後に but there is one in the nearby Shin-Kyogoku Park.「すぐ隣の新京極公園にはあります」という言葉を加えれば、多くの人が助かるだろう。

　さらに日本語版では、神社を通り抜けて隣の公園に行こうと

する人に対し、括弧をつけて（ここからは行けません）とあるが、これも Impassable from here などと英語にしておけば、無用な問い合わせに応じる手間も省けるはずだ。

　次のものは、英語と日本語とで言っている内容がかなり異なる例。札幌にあるチョコレート菓子工場には北海道らしくクリオネが飼われているが、その水槽に貼られていた掲示だ。

クリオネがびっくりするから
ガラスに触らないでね
Fragile surface. Do not touch.

　水槽に触らないようにというメッセージは同じだが、その理由として、英語では「表面（ガラス）が壊れやすいから」とされており、日本語の「びっくりするから」とはまったく内容が異なる。伝えたい根幹のメッセージは伝わるので、問題がないと言えばないのかもしれないが、それにしてもかなり雑な「訳」だ。例えば、Do not touch the aquarium and scare the cliones.「水槽に触ってクリオネをびっくりさせないでください」、あるいはDo not touch the fish tank not to scare the cliones.「クリオネをびっくりさせないよう水槽に触らないでください」などとすればほぼ日本語と同じ意味になる。

中央一列でお並び下さい。
Please see line one.

　こちらは「貴重な」サンプルを数多く提供してくれている京都・伏見稲荷大社で見つけたもの。御朱印をもらうために一列で並ぶよう指示する掲示だが、英語のほうは、「1番線を見てください」といったような意味になっている。そもそも「1番線」とは何かわからないし、当然そこにそういう線があるわけでもないので、この掲示はまったく意味をなさない。これでは、旅行客が神社側の予想もしない行動をとるかもしれず、ただでさえ混雑している場所をさらに混乱させてしまう恐れがある。

「この方向に並んでください」

　改善案としては、例えば、Please queue here. あるいは、Please wait here in line. などと書けばおよそ言いたいことは伝わるだろう。なお、queue「並ぶ／列」は主にイギリス英語で使われる単語で（発音は「キュー」）、アメリカ英語ではこの語の代わりに line が使われる。

12 地下鉄のエスカレーター

間違いやすさ ★★ ☆ ☆ ☆   難易度レベル ★★ ☆ ☆ ☆

willは先の「時間」を表すもの 「距離」の先は表さない

　都内地下鉄駅の上りエスカレーターの近くで見つけた掲示だ。日本語では「このエスカレーターは、途中から階段になります」と書かれていた。足が不自由な人や重い荷物を運んでいる人はエレベーターを利用したほうがいい、ということだろう。

　どこに問題があるかわかるだろうか？

> **サンプル1**
>
> # 【NOTICE】
> ## This Escalator will be a staircase from the way.

ちょっとヒント　A is B は「A=B」
「will + 動詞」は未来（時間）を表す

■未来表現としてのwill

　最後の from the way も意味不明だが、本質的な問題点は will be の部分にある。

この問題を考える上では、A is B は「A=B」であるときに使う、「will + 動詞」は未来のことを述べるときに使う、というふたつの原則をまず押さえておく必要がある。

■willの正しい使い方

> ### We will be closed from
> ### 24th October to 9th November.

「10月24日から11月9日まで休業します」

ロンドンのレストランにあった掲示で、will の大原則から確認していこう。

改装のため一時的に休業することを伝えるための文章だ。

We「私たち（レストラン）」＝ closed「閉まっている」というイコール関係が成り立つようになるのは未来のことなので、will be という未来表現が使われている。

ヒースロー空港で見つけた次の例でも、will be の使われた方を見てみよう。

> ### Drivers of vehicles picking up on the forecourt will be liable to be issued with a fixed penalty notice of
> ### £40

「ビル前のスペースで人を車に乗せた運転手は40ポンドの罰金を科されます」

空港ビルを出てすぐのところで人を車に乗せると罰金を科されるという警告のメッセージだ。ここでは、A「運転手」＝B「罰金を

科される」という関係が成り立っている。

　また「罰金を科される」の部分に will が使われているのは、（今後、監視カメラなどで違反が発覚した際）**後になって罰金が科されることが念頭に置かれているからだ。**

　つまり、「罰金を科される」のは今ではなく未来。だから will be となっているのだ。

■エスカレータは階段に変身しない

　ここで確認した大原則を地下鉄の掲示に当てはめてみよう。

　This escalator **Ⓐ**と a staircase **Ⓑ**が be 動詞で結ばれているから、**Ⓐ**「このエスカレーター」＝**Ⓑ**「階段」と言っていることになる。だがエスカレーターは階段ではないから、ここで、すでにこの英文は破綻している。

　さらに、be 動詞の前に will があるので、このイコール関係が成り立つのは未来のことだ。つまり、エスカレーターがこれから先のある時点で階段に「変身する」という、かなりシュールな掲示文になってしまっている。

「エスカレーターが階段になる（変わる）」ではなく、「エスカレーターの後に（まだ上らなければならない）階段がある（存在する）」わけだから、例えば、After taking this escalator, you still need to take the stairs to get to the exit. 「エスカレーターの後、出口に向かうには階段を上る必要があります」などとすれば意味は通じる。

[NOTICE] This escalator will be a staircase from the way.

これでは、今後エスカレーターが階段に「変身」するという意味になってしまう

 [NOTICE] After taking this escalator, you still need to take the stairs to get to the exit.

「お知らせ　このエスカレーターに乗った後、出口に向かうにはさらに階段を上る必要があります」

より簡潔な文面にしたければ、There are stairs ahead.「この先に階段があります」と記して、上らないといけない階段があるという一点に絞るのもいいだろう。

[NOTICE] There are stairs ahead.

「お知らせ　この先、階段あります」

「注意　この先、階段あり」

こちらはロンドン市内の道路で見つけた標識だが、まさに同じような状況を告知している。このように、There areを省略してstairs aheadとするだけでもいい。瞬時に情報を理解してもらいたい場合には、このように端的な表現が有効だ。

073

イギリスは罰金国家!?

　日本では、とくに公共性の高い場所では具体的な罰金警告の掲示はあまり目にしない。その一方で、CASE12で見たヒースロー空港の掲示のように、イギリスでは罰金の金額が明示された掲示を公的な場所でも普通に見かける。文化のちがいはおもしろい。

£80 penalty fare
or prosecution

if you pass this point and fail to show on demand a
ticket, validated smartcard or other travel authority
valid for the whole of your journey

「80ポンドの罰金または起訴
もしこれより先で求めに応じて、全旅程にかかる切符、有効なIC
カードあるいはその他の有効な券などを提示できない場合には」

　これはロンドンの地下鉄駅構内で見つけた掲示だ。無賃乗車が見つかった場合の罰則が示されている。罰金80ポンドは、日本円でおよそ1万2000円前後に相当する。抑止力としては、なかなか効果がありそうだ。

WARNING
NO PARKING AT ANY TIME
ALL VEHICLES WILL
BE TOWED AWAY

CLAMP RELEASE FEE £110.00
TOW AWAY FEE £225.00
PLUS £40.00 PER DAY STORAGE
PUBLIC ENQUIRIES: (020) 8691 0999
ENVIRONMENT AND HOUSING DEPARTMENT

「警告　いかなるときも駐車禁止　あらゆる車を
レッカー移動します　車輪止めを外すための手数
料110ポンド　レッカー移動手数料225ポンド　こ
れに加え、保管料が一日につき40ポンドかかります」

　こちらはロンドンの街なかにあった掲示。手数料（fee）とあ
るが、要するに罰金だ。街のあちこちに罰金の金額を示した警告
文が掲げられているイギリスでは、社会の秩序が罰金制度によっ
て維持されている一面がある。

　とくに車やバイクに対するイギリスの交通取り締まりは、日本
よりもずっと徹底している。少しでも速度超過を犯すと監視カメ
ラが作動し、運転手の顔写真と違反のデータが警察に届く。後
日、それに基づきスピード違反の罰金請求書が送られてくる。た
とえ違反したのが外国人で、すでに国外に出ていたとしても、レ
ンタカー会社などから住所の情報提供を受け、海外の住居まで罰
金の請求書を送ってくる。

　こうしたシステムが確立されているため、イギリスのドライバ
ーは、少なくとも街なかや住宅地など速度制限の厳しい場所で
は、かなり慎重に運転する傾向がある。

13 路上の警告掲示（1）

間違いやすさ ★★★★☆　難易度レベル ★★☆☆☆

全部を否定したいときには andではなくorを使う

　路上に印刷されたよくある市区町村のメッセージだ。歩きたばことポイ捨てを禁止した警告文の上に捨てられたガムが貼りついているのは皮肉だが、英語表記にも責任の一端がありそうだ。

　どこがおかしいだろうか？

 否定語＋andが生み出す意味は？

■否定文でのandは要注意

No smoking and littering while walking と書かれているが、これでは**喫煙、ポイ捨て**（littering）**どちらか一方だけならOK**ということになってしまう。なぜか？　andで列挙されたものと否定語（ここではNo）を一緒に使うと、**列挙されたものが全部そろった場合にはダメ**という意味になるからだ。飲酒運転禁止という定型句Don't drink and drive. も、飲酒と運転が両方合わさるのがダメと言っているのであって、どちらか一方だけであれば問題はない。

同様に、No smoking and littering なら、**喫煙とポイ捨てが両方合わさるとダメ**ということ。つまり、**どちらかだけならしても構わない**と言っているようなものなのだ。ここでは**両方ともダメ**と言いたいのだから、andではなく or を使う必要がある。

 No smoking <u>and</u> littering while walking
「歩きたばこをしながらのポイ捨ては禁止（どちらかだけならしてもいい）」

 No smoking <u>or</u> littering while walking
「歩きたばこもポイ捨ても禁止（どちらもしてはならない）」

■ andとorの意味のちがいは、部分否定と全部否定のちがい

> **【部分否定】both (Ⓐ and Ⓑ) ＋否定語**
> **ⒶとⒷ両方ともが〜というわけではない**
>
> **Both Patti <u>and</u> Chris are <u>not</u> Americans.**
> 「パティとクリスの両方がアメリカ人というわけではない」

> **【全部否定】否定語＋either Ⓐ or Ⓑまたは**
> **neither Ⓐ nor Ⓑ：ⒶとⒷどちらも〜ない**
>
> **Either Patti <u>or</u> Chris is <u>not</u> an American.**
> 「パティとクリスはどちらもアメリカ人ではない」
>
> **<u>Neither</u> Patti <u>nor</u> Chris is an American.**

　否定語と合わせて複数のものを列挙する際、**and**か**or**かによって部分否定か全部否定かに分かれる。それは both や either がない場合でも同じなのだ。

■ 正しい全部否定の例

「喫煙・飲食禁止」

「店内では飲食禁止」

どちらもイギリスの街なかで店舗などの入口によくある掲示だ。いずれもandではなく、orを使うことで全部否定を表している。

左は、イギリスの電車車両によくあるquiet zoneに貼られている掲示だ。「否定語not＋or」で、携帯電話の使用と不要な音を立てることの両方を禁じている。

「携帯電話を使ったり不必要な音を出したりしないでください」

Please do not smoke outside these windows

or place bicycles against the glass

Thank you

「この窓の外で喫煙したり、窓ガラスに自転車を立てかけたりしないでください」

オクスフォードの街角で見つけた上の掲示も同様で、「否定語not＋or」で喫煙と自転車の立てかけの両方を禁じている。

■日本人が陥りやすい「andの罠」

ここに紹介したイギリスの掲示文からもわかるとおり、してはならないことを列挙する際には or を用いる。

日本人は、andが持つ「〜と〜」の意味だけを拾って、否定文でも安易にandを選んでしまいがちだが、今後は全部否定のorも頭の隅に置いておくといいだろう。

次の2点の掲示は日本で見つけたものだ。

もうどこが間違っているかすぐにわかるだろう。

食べながら飲むのだけが禁止??

飲みながらの喫煙だけが禁止??

Let's try!

Question 次のような掲示文を英語で書こうとした場合、
何と書けばよいだろうか?

「昼夜を問わず駐車禁止」
(※家の前の道に車を止めないように、という意味で)

Answer No parking day or night

　駐車禁止はシンプルに No Parking. でいい。「昼夜を問わず、昼も夜
も」は肯定文では day and night だが、and を含む day and night と
no を一緒に使うと「昼夜両方は駐車禁止」(昼か夜のどちらかなら
OK)と取られかねない。or を使えば全部否定になるため意図に沿う。

「区」は英語で何というか？

　CASE13で見た世田谷区の掲示には、「世田谷区」にCITY OF SETAGAYAという英語表記がなされていた。

　cityは「市」じゃないの？

　「区」はwardじゃなかったっけ？

　と思った人もいるかもしれない。しかし実際のところ、東京23区と同じ意味合いでの「区」は英語圏には存在せず、したがって、これをうまく言い表せる英単語もない。

　住所を書くときには「区」を訳さず、Setagaya-kuとして問題ないし、Setagayaだけでも大丈夫だ。しかし、日本のことをよく知らない人と話すときには、kuと言ってもイメージしにくいだろう。ではいったい、何と言ったらいいだろうか？

　試しに、それぞれの区役所が「区」にどんな英語を当てているか調べてみると、東京都内の各区はcityを使うことにしているようだ。東京都民でも、練馬区と調布市とで行政制度上どこがどうちがうのかと問われたら、はっきり答えられない人が大半だろう。ならば、「市＝city」という一般的な訳語にとらわれず、「区」に対してcityを使っても大きな問題はなさそうだ（東京には23Cities「23区」とその他のcities「市」があるので、そこを説明しようとすると混乱しそうではあるけれど）。

　「市」も「区」も一緒くたにcityでは気持ちが悪いと感じる人は、（とくにイギリス人相手の場合は）districtあるいはborough

を使うといい。districtはイギリスの各州（日本でいうなら都道府県）の下に位置する行政区を表す。

　一方、boroughは首都ロンドン（グレーター・ロンドン）を構成する各行政区を指し、これも東京の「区」と似た概念を表している。metropolitan boroughと言ったほうが、ロンドンの場合との比較がよりはっきりして伝わりやすいかもしれない。

　wardもよく「区」と訳されるが、本来は市や町を切り分けた行政区を表すもので、東京都の23区に対して使うよりも、横浜市や大阪市にある区に対して使ったほうが適切だろう。

　しかし実際には、上の写真のような区境の標識などをはじめ、wardが東京の「区」として使われているケースは多い。東京の「区」は歴史をさかのぼると、東京府のなかの東京市内にあった35区（ward）が統廃合されたものだ。現在の23区に対してwardという語が使われるのは、その名残なのかもしれない。

　一語で表せる「区」のようにシンプルな日本語でも、英語になかなかうまく置き換えられない例はほかにも少なくない。

14 京都の雑貨店にて

間違いやすさ ★★ ★ ★ ★　難易度レベル ★★★★ ★

誤った部分否定は誤解を生むが、正しく使えば便利

京都の商店街で、ある店の前に次のような掲示が出ていた。商品についている値段に消費税は含まれていない（税別である）と言おうとしたものだが、どこかがおかしい。わかるだろうか？

サンプル1

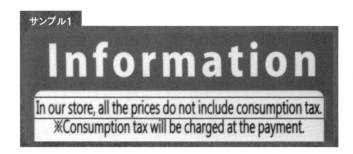

Information
In our store, all the prices do not include consumption tax.
※Consumption tax will be charged at the payment.

ちょっとヒント　**allとnotの組み合わせに注意！**

■allを使わないで全部否定にする

allとnotを一緒に使うと「すべてが～というわけではない」を意味する部分否定表現になる。そのため、上の In our store, all the prices do **not** include consumption tax. は、「すべての商品の表示価格が消費税を含んでいるわけではない」という意味になってしまう。

「すべての価格に消費税が含まれています」

こちらはアメリカ・シアトルにあるコーヒー店の税込価格を伝える掲示だ。京都の店の掲示は、単純にこれを否定文にすることで、「すべての価格に消費税は含まれていません」と言おうとして失敗したわけだ。

これを解消するには、all と not を一緒に使わなければよい。

☹ **In our store, <u>all</u> the prices do <u>not</u> include consumption tax.**

all と not で部分否定（「すべて～というわけではない」の意）になってしまう

😄 **In our store, our prices do not include consumption tax.**

「当店では、すべての商品の表示価格は消費税を含みません」

😄 **In our store, prices exclude consumption tax.**

「当店では、価格に消費税は含んでいません」

😄 **Prices exclusive of consumption tax.**

「税抜価格」

■部分否定の効果的な使用法

not all pasties are created equal

　イギリスでよく売られているパスティ（肉などを包んだパイ）専門店の壁に掲げられていた文面だ。「すべてのパスティが同じように作られているわけではありません」という意味だが、言外に「当店のパスティは、他とはちがって特別な作り方をしています」と強くアピールしている。部分否定表現を効果的に使った宣伝文句といえる。

　これをあえて全部否定の文に書き換えると、No pasties are created equal.「いかなるパスティも同じようには作られていない（あらゆるパスティがちがうように作られている）」となる。これでは、品質が一定していないかのような口ぶりになってしまう。

■さまざまな部分否定表現

　all 以外にも、否定語と一緒に使うと部分否定になる語は多い。例えば、こちらの掲示は「not + every」で部分否定表現にしている。

「あらゆる障害者が車椅子に乗っているわけではありません
障害のなかには外見ではわからないものもあります
見た目で判断しないでください」

他にもよく使われる部分否定表現に、以下のようなものがある。

not + both	「両方が〜とはかぎらない」
not + always	「いつも〜とはかぎらない」
not + necessarily	「必ずしも〜とはかぎらない」
not + completely ／ totally	「完全に〜とはかぎらない」
not + exactly	「まさに〜というわけではない」

■部分否定は「あんまり」のニュアンスを出せる

　控えめな否定を表す部分否定の表現も知っておくと便利だ。それほど興味のないことについて、Are you interested?「興味ある？」と聞かれたとき、日本語なら「あんまり（興味ない）」などと言えるが、それと同じようなことを英語では何と言えばいいだろうか？

　No (I'm not).「興味ない」ときっぱり否定するのではなく、「あんまり」のニュアンスを出すには、**Not really.「それほどは（興味ない)」**のような部分否定表現を使う。文にすれば、I am not really interested in it.「それにはそんなに興味があるわけではありません」となるが、日本語の「あんまり」のように、Not reallyだけで独立して使うことも可能だ。

他に、so, very, much, that なども否定語と一緒にして「あまり〜ない」を表す表現としてよく使われる。

　例えば、以下のように。

He is <u>not so</u> happy about the result.
「彼はその結果にあまり満足していない」

She is <u>not very</u> good at math.
「彼女は数学はあまり得意じゃない」

They are <u>not much</u> different from each other.
「それらはそんなに大きくはちがわない」

The painting was <u>not that</u> impressive.
「その絵はそれほど印象的ではなかった」

---

　so, very, much, that などを否定語とともに使っているところがミソで、これがなければ、それぞれ「満足していない」「得意でない」などと完全な否定文になり、「あまり」「それほど」といった微妙なニュアンスを出すことはできない。

Let's try!

Question

こちらの看板は、とある日の午前中にニューヨークのバーの前に出ていたものだ。この手書きの宣伝文句は、どういうことを言おうとしているのだろうか?

Answer 午前中から開いているうちのバーでなら、今から一日中楽しくやれますよ

notとallとを使った部分否定表現が使われているところがミソ。和訳すれば、「午前中に飲みはじめないと、一日中ずっと飲んでいることはできません」といったようなところ。一日中酒を飲んで暮らすのは酒飲みの夢だが、朝から飲みはじめなければその夢は達成されない。だから朝(今)から飲みはじめましょう、というのがこの宣伝文句の趣旨だ。

reallyとveryはなぜ似ているか?

　否定語と一緒に使うと部分否定になる really や very は、いずれも後ろに続く形容詞を強調するのに使うことができる副詞だ。例えば、It is really cold. と It is very cold. は、どちらも「今日はすごく寒い」を意味し、だいたい同じ意味だ。really と very に共通したよく似た使い方があるのは、それぞれの語の起源と深い関わりがある。

　really は real「本物の、本当の」に -ly をつけてできた副詞で、字義どおりには「本当に」を意味する。一方、very は、ラテン語 verus「本当の」に基づく古フランス語 verai に由来するもので、これも本来は「本当に」を意味した。

　日本語でも「本当にうれしい」と「とてもうれしい」はほぼ同じ意味だが、本来「本当に」を意味した very や really も、それと似ていて、元の意味合いが薄れた「とても」という強調表現があとから発達していったのだ。

　さて、very がもとは「本当の、本当に」を意味したということを知っておくと、同じ語源にさかのぼる、もう少し難しい単語を覚える手掛かりにもなる。例えば、名詞をつくる -ty のついた verity は「真実性、真実であること」、動詞をつくる -fy のついた verify は「(本当だと) 立証する、検証する、確かめる」を意味する。

　それでは、verisimilitude は何を意味するだろうか? この中に

含まれる similitude は、similar「似ている」と似ており、これに名詞をつくる語尾 -itude がついて、「似ていること、類似」を意味する。これに very と同じ語源の veri- がついた verisimilitude は、文字どおりには「真実に似ていること」、つまり「本当らしいこと、真実味」を意味する。

「判決、評決」などを意味する verdict の前半部分も very と同じ語源だ。後半の -dict は diction「言葉づかい、語法」や dictionary「辞書（＝言葉のつかい方を示した書物）」にも含まれており、「言葉」を意味する。これと ver- とが合わさるとしたら「真実の言葉」といった意味になりそうだが、どうしてこれが「判決」という意味になるのだろうか？

　例えば、高校野球の決勝戦、1対0で9回裏二死満塁、次の一球が勝敗を分けるといった状況で、実況のアナウンサーが「さあ運命の瞬間です」などと言ったりするが、英語では「運命の瞬間」のことを the moment of truth という。最終的な結果が出るとき、あるいは審判が下される際によく使われるフレーズだ。文字どおりには「真実が示される瞬間」ということで、出た結果・判断を「真実」ととらえた言葉といえる。

　語源的に「真実の言葉」を意味する verdict が「判決、判断」などを意味するのもこれと似た感覚に基づいている。**「判決、判断」**は the moment of truth **「真実の示される瞬間」**に下されるもので、verdict「判決」はそこで述べられる「真実を示した言葉」だからだ。

確認問題 CASES10-14

本編で見てきたさまざまな「おかしな英語」とその正し方を思い出しながら、次の掲示（英語部分）のおかしな点を指摘し、あなたなりの訂正案を書いてみよう。

問題1

正面階段付近での写真撮影は、
下記の時間撮影禁止です。
午前10:30以前　午後4:00以降

Please don't take the
picture on this steps.
Before10:30a.m. after4:00p.m.

あなたの答え

問題2

All products do not include tax.
Calculate at the cashier consumption tax.

あなたの答え

問題3

ここは手洗い場です。
貝などの海産物等を洗ってはいけません。

Here is a hand washing facilities.
It should not be washed seafood, such as shellfish.

這裡是一個洗手設施.
它不應該被洗滌海產品等・如貝類.

あなたの答え

問題4

NO OUTSIDE FOOD & DRINK ARE ALLOWED

THANK YOU

「外部からの食べ物および飲み物の持ち込みは認められていません」

あなたの答え

正解例

Please don't take pictures on these steps before 10:30 a.m. <u>or</u> after 4.00 p.m.

　最後の行の before 10:30 a.m. after 4.00 p.m. の部分に、両者を
つなぐための接続詞が必要。否定語notを含む掲示なので、ここで
使うべき接続詞はorだ。andを使うと、「この時間帯の両方で撮影
することは禁止（どちらか一方の時間帯だけならOK）」という意
味になってしまう。

<u>Prices</u> do not include tax.
<u>We can</u> calculate the amount of consumption tax at the cashier.

　all と notを一緒に使うと部分否定「すべての商品が税込というわ
けではない」になってしまう。ここでは全部否定が意図されている
ので、all と notを一緒に使わず、正解例やPrices (are) exclusive
of tax.「価格には税が含まれていません」といった表現にする必要
がある。2行目は文法的には問題ないが、顧客に対する言葉として
はぞんざいなので、We can calculate the amount of consumption
tax at the cashier.「消費税額はレジで計算できます」などとした
ほうがよい。

These <u>are</u> hand-washing facilities.
Please do not <u>wash</u> seafood here.

　ひとつ目の文はfacilitiesという複数形の名詞にaがついており、また動詞も単数形のisが使われていて、数の一致の原則に従っていない。日本語の意味を踏まえると、文頭のhereも意味的に適切でない。「これらは手を洗うための設備です」とすれば日本文の意味と同じになる。ふたつ目の文は受け身を使い損ねている点が大きな問題点。受け身の文もA＝Bの関係が成り立つAis B型の文の一種ととらえ、**Seafood should not be washed here.**「ここでシーフードが洗われるべきではない」とすれば文法的には正しくなる。ただし、掲示の言葉としては正解として書いた「ここでシーフードを洗わないでください」のほうが適している。

NO OUTSIDE FOOD <u>OR</u> DRINK IS ALLOWED

　否定語noやnotと、food and drinkのようなandで結ばれたものを一緒に使うと、**部分否定的なニュアンス**「食べ物と飲み物を合わせて持ち込むことは認められない（どちらか一方なら**許容される**）」になってしまう。しかし、この掲示は全部否定「食べ物、飲み物、いずれも持ち込み不可」だろうから、**andの代わりにorを使う必要がある。**

15 喫茶店のメニュー

間違いやすさ ★★☆☆☆　　難易度レベル ★☆☆☆☆

oneは単数であることを強調するときに、強調する必要がないときはa/an

　那覇の喫茶店で見つけたセットメニューの説明書きから抜粋したものだ。親切に英語でも書かれているが、ひと目見て気になるところはないだろうか？

サンプル1

DRINK
お好きなドリンクを下記よりおひとつ
Please choose a 1 drink from the following.
コーラ・ファンタグレープ・メロンソーダ
カルピス・メロピス（メロンソーダ＋カルピス）
オレンジ・シークワーサー・ウーロン茶

ちょっと
ヒント　**drinkの数え方**

■ aと1を重ねるのは、なぜ間違いか

　多くの方は、a 1 drink のところで「？」と思ったはずだ。

　そのとおりで、1 drinkのように数字の1を英文に混ぜるのはおかしいし、1（one）の前にaがついているのはもっとおかしい。

正しい表記にするには、a drink とするか one drink とすればよい。

> 😣 **Please choose a 1 drink.**
> 😄 **Please choose <u>a</u> drink.**
> 「お好きなドリンクをおひとつ選んでください」
> 😄 **Please choose <u>one</u> drink.**

　a と one を重ねるのは、なぜ間違いなのか。ふたつの語源を考えれば、それがよくわかる。不定冠詞 a には、an apple のように母音の前で使う an の形もある。じつは an のほうが語源の形を留めているのだ。**a/an は one** が弱まってできたものだからだ。したがって、a one drink では、a a drink あるいは one one drink といっているのと同じことになってしまう。

　ならば、同じ起源を持つ a/an と one はどう使い分ければいいのか。

　one は単数であることを強調したいときに使い、あえて強調する必要のないときは a/an を使う。日本語で「ひとつの、ひとりの」と明示する必要がないときは **a/an** を、必要があるときは **one** を使うと考えればいい（ただし、an hour「1時間」の場合のように、単語によっては「1」と数値を訳す必要があるときでも a/an が用いられることもある）。

■単数であることが情報として重要でない場合はa/an

「暖炉に火がともった店内でコーヒーをどうぞ！」

　10月末にオクスフォードのカフェの前に出ていた手書きの掲示だ。火をともした暖かい暖炉に当たってコーヒーを飲みに、ぜひご来店を、という誘い文句だ。enjoy a coffeeはa coffeeとあるが、日本語でもわざわざ、「一杯のコーヒーを楽しんでください」とは言わないだろう。このように、あえて「一杯の」と単数であることを強調する必要がない場合、英語ではたいていa/anを使う。

「毎日がパンケーキの日」

　ロンドンの街なかに出ていた、屋台風のパンケーキ屋が掲げていた宣伝文句だ。これを「毎日がいわゆるひとつのパンケーキの日です」などと訳せば、元ジャイアンツ・長嶋茂雄氏の口ぐせのようになってしまう。この場合も、日本語にするとき「ひとつの」は必要ない。そのようなときにはa/anを使う。

■単数であることが情報として重要な場合はone

「(青信号が点灯している際には)一台通行可」

　一方、オクスフォードの街なかで見つけた上の道路標識では、a/anではなくoneが使われている。

　この標識のある場所で青信号（普通の信号とは別物）が点灯している場合は、車「1台」だけが通行してもよいということだ。oneという語が使われ、3文字すべてが大文字になっていることからも、重要なのは「1台」なのだいうことがとわかる。この場所は、1台通りすぎると、開いた車止めが元に戻る仕組みになっている。だから、2台目が通ろうとすると車止めにぶつかってしまうのだ。

　このように、「1台」（単数）ということが情報として重要な場合には、a/anではなくoneを使う。

　冒頭の那覇の喫茶店にあった掲示文の場合は、「ひとつの」を強調しないa drinkでも、「ひとつだけ」とはっきり示すone drinkでも、文脈的に問題はないだろう。

■a/anの特殊な使い方

　最後に、a/anの少し特殊な（といっても基礎的な）使い方について。いずれもロンドンで見つけた掲示だ。不定冠詞のaが使われているが、どう「特殊」なのだろうか？

「iPhone 7と7 plus.
ひと月36ポンドから」

「スリリングなことを一日ひとつ行おう」

　ふたつの掲示に書かれているaは、「ひと月につき」や「一日につき」のように、「〜（ひとつ）につき」の意味で使われている。前置詞per「〜につき」を使ってもいいのだが、aだけでもそれと同じ意味を表すことができる。

　なぜaだけで通用するかといえば、じつはこの用法のa/anは、oneが弱まってできたa/anとは別物で、**前置詞のonが弱まってできたものだからだ**。古い英語では、on dayでin a day「一日で」の意を表していたが、後にこのonが弱まってできたのがa day「一日で、一日につき」なのだ。

■「～につき」を表す前置詞per

　こちらはオクスフォードである店のドアに張り出されていた求人広告。3行目の2-3 days per week「1週間に2～3日」の部分に前置詞perが使われている。このperは、先述のとおりaにも置き換えることができる。

Creative Person Needed
Permanent, Part-Time Position
2-3 days per week to include Fri & Sat
Must have excellent English grammar
Over 18s please
Email CV to balloons@frogorange.co.uk
or leave in store

「創造的な人物を求む。常勤定時スタッフ。
金曜日および土曜日を含む週2～3日勤務。きちんとした英語が使えること。18歳以上」

「英文法」が発達したのは18世紀後半以降、産業革命期のイギリスだ。工業化が進み、工場や会社に勤める人が急激に増えた時代で、就職の面接に受かって良い職に就くにはちゃんとした英語が使えることが必要になったからだ。「きちんとした英語」を使えるかどうかが立身出世のカギとなったことで、多くの人が「英文法」を学びたいと考えた。そのような社会の要請に応えて文法書が出版されるようになり、これが世の中で広く読まれたために「英文法」が確立されたのである。

　上記のような求人広告は、就職に「きちんとした英語」を使えることを条件とする昔ながらの伝統が、現代にもある程度留められていることを示すものと言えるだろう。

16 路上の警告掲示（2）

間違いやすさ ★★★☆☆ 　難易度レベル ★☆☆☆☆

自動詞は後ろに名詞（目的語）を取ることはできない

　京都の伏見稲荷大社で目に飛び込んできた横断幕を見てほしい。赤い鳥居が立ち並ぶ有名な参道の入口で、頭上に大きく掲げられていた。これだけ大胆な間違い英語が、こんなに目立つ場所にあるのも珍しい。さて、どう直せばいいだろうか？

サンプル1

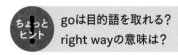

右側通行です
Please go right way
千本鳥居請向右边通行
센본 도리이 신사 기둥문 옹 우측통행입니다

ちょっと
ヒント
goは目的語を取れる？
right wayの意味は？

　「行く、進む」を意味する動詞goは「自動詞」だ。**自動詞は、後ろに目的語を置くことができない。**

　goの直後に目的語のようにright wayを置いているが、これはおかしい。「道の右側を歩いて」というつもりなのだろうが、自動詞

goの後ろに目的語は置くことができないのだ。

　また、right way では「道の右側」ではなく、「正しい道、正しい方法」という意味になってしまう。文法的にも意味的にも go right way ではダメということだ。

「右側通行」や「左側通行」といった英語の定型表現は覚えておいて損はない。keep「保つ」を使えばいいのだ。「右側（左側）を保て」というような意味合いで、非常によく目にする言い回しだ。

> 😵 **Please go right way.**
> 自動詞 go のあとに目的語（名詞）は置けない
>
> 😄 **Please keep to the right.**
> 「右側通行」
>
> 😄 **Keep right.**

「左側通行でお願いします」

　左の写真は、ロンドン・ヒースロー空港内の通路で見つけた掲示だ。正しい用例はこうなる。

■自動詞＋前置詞のセットで覚える

　この CASE では自動詞 go の誤用例を紹介しているが、なぜこの問題が厄介かというと、英語の自動詞と他動詞のちがいは、日本語の訳文からはわからないからだ。日本語で「〜を…する」(ex. 道の右側を進む) という場合には一見、目的語を伴う他動詞のように見えても、英語では自動詞だということが少なくない。

　次の例を見てみよう。

WE APOLOGISE FOR ANY
INCONVENIENCE.

「ご不便をお詫びいたします」

　冷蔵設備の不良で、いつもと異なる場所に商品を配置したことを詫びるスーパーの掲示だ。

「ご不便を詫びる」という日本語からすると、名詞「ご不便」が他動詞「〜を謝る」の目的語のようにも思えるが、apologise は自動詞で、単に「謝る」という意味でしかない。

　よって、「〜を謝る」と言いたいときには、前置詞 for とともに使う必要がある。

　似たような例をもうひとつ。こちらは、オクスフォードで人気の
ミルクセーキ屋の店頭に出ていた掲示だ。

「お客様へ　飲み物の用意ができるまで、
近隣店の入口から離れた場所でお待ちください」

　テイクアウト専門店なので、客は注文したものを受け取るまで店
の前で待たなければならないのだが、その際近くの店の入口をふさ
がないように、という趣旨の案内文だ。

　2行目にwait「待つ」の現在分詞waitingが使われているが、goと
同じく、**waitも基本的に自動詞だから目的語は取れない**。だから、
「〜を待つ」といいたいときは、前置詞forをつけてwaiting forと
しなければならない。

　このように、日本語からすると他動詞のように感じられる動詞
が、実際には自動詞だというケースは少なくない。apologise for
「〜を詫びる」、wait for「〜を待つ」、hope for「〜を望む」、start
from「〜を出発する」、graduate from「〜を卒業する」、look at
「〜を見る」、laugh at「〜を笑う」といったように、後に続く前置
詞とセットで意味を覚えておくのが、ミスを防ぐ近道だ。

イギリスとアメリカにおける
綴りのちがい

CASE16で紹介した掲示でapologise という語を見て、違和感を覚えた人がいるかもしれない。日本でアメリカ英語を基盤とした学校教育を受けた人には、apologize のほうがしっくりくるはずだ。apologise は主にイギリスで使われる綴り。アメリカでは、advise やsurprise など一部の語を除いて、基本的に -ize と綴るが、イギリスでは -ise も並行して使われている。

18世紀末から19世紀前半、アメリカのノア・ウェブスターが、イギリス英語に見られる不合理な綴り字を改め、綴りと発音をある程度一致させようとした。例えば、gaol「牢獄」は jail に、cheque「小切手」は check に、theatre「劇場」は theater に、humour「ユーモア」は humor に、travelled（travel の過去・過去分詞形）は traveled に、といった具合に。

綴りと発音の間に大きなずれのない綴り字はアメリカで広く受け入れられ、これらを中心にイギリス英語とは異なる綴りが普及した。その結果、例えば、catalogue「カタログ」は catalog, programme「プログラム」は program, storey「（建物の）階」は story, amoeba「アメーバ」は ameba といったアメリカ綴りが多く定着した。

なお、ウェブスターは1828年に最初の本格的なアメリカ英語の辞書を編纂した人物で、その伝統を受け継ぎ、アメリカでは現在でも「ウェブスター」の名を冠した辞書が出版されている。

「良き隣人であってください」
※アメリカ・ニューヨークの路上で見つけた掲示。
アメリカ綴りのneighborが使われている

TO OUR NEIGHBOURS

AND GENERAL PUBLIC

WE STRIVE TO HAVE A GOOD RELATIONSHIP
WITH OUR NEIGHBOURS AND THE GENERAL
PUBLIC.

「近隣住民の方々および一般の方々へ」
※イギリス・ロンドンのナイトクラブ前に出ていた掲示。
イギリス綴りのneighbourが二度使われている

17 京都・錦市場と福岡市街の食品店

間違いやすさ ★★ ☆☆☆ 　難易度レベル ★☆☆☆☆

他動詞には
目的語（名詞）が必要

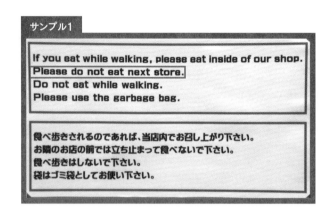

サンプル1

If you eat while walking, please eat inside of our shop.
Please do not eat next store.
Do not eat while walking.
Please use the garbage bag.

食べ歩きされるのであれば、当店内でお召し上がり下さい。
お隣のお店の前では立ち止まって食べないで下さい。
食べ歩きはしないで下さい。
袋はゴミ袋としてお使い下さい。

　京都・錦市場の食品店でこんな掲示を見つけた。英語版はかなりおかしな意味になってしまっている。

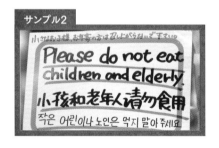

サンプル2

Please do not eat
children and elderly
小孩和老年人请勿食用

　福岡の街にあったこの掲示にも、錦市場の掲示と同じような問題点がある。これらふたつに共通する間違いが何だかわかるだろうか？

ちょっとヒント 　動詞eatの使い方に注目！

■動詞eatの使い方

　ヒントにもあげたとおり、ともに動詞eatの使い方を間違えている。これまで、動詞には自動詞と他動詞の2種類があると説明してきたが、eatは自動詞としても他動詞としても使える。以下の例のように、他動詞としての eat は直後に名詞（目的語）を取り、「～を食べる」を意味する。

「このビアガーデンはグリフィンの顧客専用です。
ここで昼食をとりたい場合には、バーで飲み物を購入してください」

　この例のように、eatは目的語を伴い「～を食べる」を意味する。

　この原則に従って、左頁のふたつの掲示文を読んでみると、それぞれ次頁のような意味になってしまう。

Please do not eat next store.

「隣の店を食べないでください」

Please do not eat children and elderly.

「子どもたちやお年寄りを食べないでください」

これでは怪物か何かに向けたかのような空恐ろしいメッセージになってしまう。

ではどうすればよかったのか？　いずれの場合も、eatの後に食べる対象ではないものがきているところが間違っているので、その部分を正す必要がある。京都・錦市場の掲示文の場合はこうだ。

Please do not eat in front of the nearby shops.

「近隣の店の前で(当店の製品を)食べないでください」

このように目的語を置かない表記にすれば正しい英文になり、言おうとしたことも通じるはずだ。この場合のeatは単に「食べる」という意味の自動詞の働きとなる。

なお、the next storeでは、「隣にあるその店」と限定的な意味になってしまう。the nearby shopsのように、「近隣の」を表す形容詞nearbyを使い、複数形にしたほうがよいだろう。

■他動詞eatの目的語を正しい単語に置き換える

　一方、福岡の掲示文 Please do not eat children and elderly. はどう直せばいいだろう。3つの可能性が考えられる。

　Children and elderly を eat の目的語であるかのような位置から外し、別の場所に置き換えることで問題は解決する。呼びかけとして、文頭に置けばいいのだ（❶）。なお、elderly は「高齢の」という形容詞なので、「老人」という意味にするには、people などの名詞とともに使う必要がある。

　しかし、こうしたメッセージを子どもに直接呼びかけるのは不自然な気がしないでもない。ならば、この製品を買ったすべての人に向けたメッセージにする（❷）。あるいは、「この製品」を主語にして、eat を使わない文にすることも可能だ（❸）。

❶ **Children and elderly people, please do not eat this product.**
呼びかける対象の名詞を文頭に持ってくる
「お子さんやお年寄りの皆さん、この製品は食べないでください」

❷ **Please don't let children or elderly people eat this product.**
すべての人々を対象とした命令文にする
「この製品をお子さんやお年寄りに食べさせないでください」

❸ **(This product is) not suitable for children or elderly people (to eat).**
「(この製品は)お子さんやお年寄り(が食べるの)には適しません」

■ 呼びかけを含む掲示の例

　特定の人に対するメッセージには、しばしば最初にメッセージを伝えたい相手に対する呼びかけの言葉が置かれる。イギリスで見つけた例をふたつ見ておこう。

　こちらは工事中の道の脇に置かれた掲示の例。Cyclists「自転車に乗っている人」に対する呼びかけが冒頭に置かれている。

「自転車に乗っている人は自転車からおりて歩道を歩いてください」

　一方、下はビルの入口に貼られていた掲示。Engineers「エンジニアの方」という呼びかけの言葉が最初に置かれている。

Engineers
Please ring door
Bell to enter

「エンジニアの方は(建物に)入る際にドアベルを鳴らしてください」

Let's try!

Question	次の掲示を読み、どこが問題で、どう直せばよいかを考えてみよう。

> **ここは地上11階（京都タワービル11階）です。**
> お帰りのお客様はエレベーターをご利用ください。
> ボタンを押してお待ちください。
>
> **This floor is the 11F.**
> Please take on the elevator when you go down.
> Please wait press the button .

⬇

「（乗り物）に乗る」の意味のtakeは他動詞だから目的語が必要なので、take the elevatorとするべきだ。take the train「電車に乗る」、take a taxi「タクシーに乗る」、take the escalator「エスカレーターに乗る」など、フレーズとして覚えておくとよいだろう。なお、take the elevatorは主にアメリカ英語で使う表現で、イギリス英語ではuse the lift「エレベーターに乗る」という。

また、ふたつ目の文については、wait「待つ」とpress「押す」というふたつの動詞が接続詞なしで並置されている点がおかしい。文脈を考えると、Please press the button and wait. とするのが適切だろう。

Answer	**Please take the elevator when you go down. Please press the button and wait.**

自動詞と他動詞の知識は英語力のカギ

くり返しになるが、英語の動詞には、自動詞と他動詞の2種類がある。

他動詞は、後ろに目的語となる名詞（句）を伴って使う。自動詞は、目的語を伴わず単体で、あるいは前置詞句を伴って使う。

CASE17で見たeatという動詞は、目的語を伴って「〜を食べる」を意味する他動詞にもなり（京都の掲示の3行目にあるように）、目的語なしで「食べる」を意味する自動詞にもなる。

しかし、動詞によっては、主に（あるいは常に）他動詞としてだけ用いられるもの、主に（あるいは常に）自動詞としてだけ用いられるものも存在する。

他動詞としてよく知られたものに、enjoy「〜を楽しむ」がある。I enjoyed the party.「そのパーティを楽しんだ」のように具体的な何かを楽しんだという場合には問題ないが、漠然と「楽しかった」というようなときにも目的語が必要で、これを省略してI enjoyed. とは言えない。I enjoyed myself. というように目的語が必要だ。ただ最近では、ウェイターが食事を出す際、客に対してEnjoy!「（食事を）楽しんでください」と、目的語なしでenjoyを使うことも多い。しかし、今のところ目的語なしでenjoyを使うのはこの使い方ぐらいで、目的語が続くのが基本だ。

一方、look「見る」は自動詞として使うことが大半で、「〜を見る」と言いたい場合には、look at〜 のように、目的語を置く代わりに「前置詞＋名詞」を使う。lookのこうした使い方に慣れ

ていると、次のような文には違和感を覚えるかもしれない。

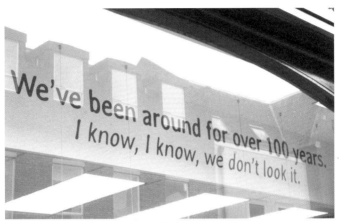

「この店は100年以上もここにあります。
ええ、わかってます、そうは見えないって」

オクスフォードの街なかの薬局に掲げられていた掲示だ。うち
の店は見かけによらず長い歴史があるんだ、とアピールしてい
る。文末lookの後ろについている目的語のようなitに、どこか座
りの悪さを感じないだろうか。

しかし、このitは「それを（見る）」という意味合いの語では
ない。つまり、目的語ではない。この場合のlookは直後に補語
を伴って、「（主語＝補語）のように見える」を意味する。例え
ば、He looks happy.「He = happyに見える」のように lookの後
にくる主格補語はhappyのように形容詞が多いが、薬局の掲示文
のように、代名詞や名詞が置かれることもある。look it は「（主
語が）そのように見える」という意味で、この場合、itは「**店が
100年以上前からある**」という前文の内容を指している。

18 空港国際線ターミナル・ごみ捨て場

間違いやすさ ★★★★☆　難易度レベル ★★☆☆☆

bringは向こうからこちらへ、takeはこちらから向こうへ

　羽田空港の出国用セキュリティチェックの入口近くに貼られていた次の大きなポスターには、経済産業省、環境省、税関などの名が列記されている。しかし、肝心な英語がどうもおかしい。もうひとつの掲示は、浅草の飲食店街のごみ捨て場に貼られていた手作りポスターだ。見た目は空港のそれに比すべくもないが、英語の正しさという点では、国の行政機関が関係する掲示も手づくりポスターも同じレベルだ。さて、間違いはどこだろう。

サンプル1

象牙・象牙製品は禁輸です
NEVER BRING BACK IVORY
象牙制品都是不得出境的。

サンプル2

ゴミはお持ち帰り下さい
Please,bring trash home
垃扱、请带走
谢谢

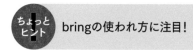

ちょっとヒント　**bringの使われ方に注目！**

■bring「〜を持ってくる」／take「〜を持っていく」のちがい

どちらのポスターも動詞の使い方に間違いがある。bringのもっとも基本的な意味は「〜を持ってくる」であり、「向こうからこちら」への移動を前提としている。

逆に「こちらから向こう」への移動が伴う場合にはtake「〜を持っていく」を使う。

これは、come「(向こうからこちらに)来る」とgo「(こちらから向こうに)行く」の使い分けと同じだ。

bring	← 〜を持ってくる
come	← くる
take	→ 〜を持っていく
go	→ 行く

象牙の持ち出し禁止ポスターにあるNever bring back ivory. は、出国していく人に向けて、「決して象牙を持って帰ってこないように」と言っていることになる。「(日本国内の象牙製品を)持ち出してはいけない」という警告文なのに、これではおかしい。

改善案としては、例えばtake out「持ち出す」を使って、Never take ivory out of Japan. などとすればいいだろう。あるいは、It is illegal to export ivory.「象牙を持ち出すことは違法です」などといった書き方をしたほうが、よりポスターの文脈には合うかもしれない。

😵 **Never <u>bring back</u> ivory.**
「決して象牙を持って帰ってこないように」

😄 **Never <u>take</u> ivory <u>out</u> of Japan.**
「決して日本国外に象牙を持ち出さないように」

😄 **It is illegal to <u>export</u> ivory.**
「象牙を持ち出すのは違法です」

■bring home とtake home

　では、浅草のごみ捨て場のポスターを見てみよう。bring home は「～を家に持ってくる」ということだから、ここに書かれている命令文 bring trash home は、「ゴミを家に持ってきなさい」という意味になってしまう。遠足にいく子どもに向かって親が忠告するセリフならわかるが、この場所には合わない。「ゴミを（ここに置いていかず）持って帰ってください」という意味にするためには、bringではなく、やはり take を使う必要がある。

😵 **<u>Bring</u> your trash <u>home</u>.**
「ゴミを家に持ってきなさい」

😄 **Take your trash <u>home</u>.**
「ゴミは家に持って帰ってください」

118

■イギリスでの各種用例

　ふたつとも英語圏ではよく見かける掲示文だ。garbageとtrashは両方ともゴミという意味（不可算名詞だから単数のaや複数語尾の-sはつかない）[CASE08参照]。浅草のポスターが言いたかった「ゴミはご自宅へお持ち帰りください」がまさにこれだ。施設側の目線で伝える文句だから、使われる動詞はtakeになっている。

「お子さんは無料で食べられます！
大人と一緒に来店した場合」

　こちらは有名なレストランチェーンに貼り出されていたポスターだ。when they bring a grown-upは「大人を連れてきた場合」という意味で、**bringはcome withと置き換えることも可能だ**。客から見れば「レストランに行く」だが、レストラン側の立場になると、客は「来る」ものであって「行く」ものではない。だから、この場合は**bringをtakeやgo withなどに置き換えることはできない**。

Please note that you cannot bring in luggage to this British Library building that is larger than airline 'carry on' size.

「この大英図書館の建物には、機内持ち込み手荷物より大きな荷物を
持ち込むことはできない旨ご承知おきください」

念のためもうひとつ。

こちらは、1億5000万冊以上の蔵書を誇る世界最大の図書館とし
て名高い大英図書館（British Library）の入口で見つけた掲示だ。

bring in は「(...の中に) 〜を持ってくる」という意味で、come
in with 〜「〜を持って入ってくる」に置き換えることも可能だ。
図書館側の視点で書かれた文だから、bring を使い「(利用者が荷物
を) 持って入ってくる」という表現になっている。

逆に take in や go in with を使うと、「図書館に〜を持っていく」
という意味になり、図書館利用者の視線になってしまう。

19 踏切脇の緊急時停車ボタン

間違いやすさ ★★★☆☆ 　難易度レベル ★★★☆☆

動詞と名詞の性質を併せ持つ 使い勝手の良い動名詞(-ing)

　京都の私鉄踏切脇に緊急時停車ボタンの注意書きがあり、こんな英語が併記されていた。同じ間違いを2ヵ所で犯しているところに注目してもらいたい。これを書いた人が英語を学び損ねたのはどんな点だろうか?

サンプル1

Warning: This is the Emergency Stop Button. In an extreme emergency situation, you can stop the train by use the Emergency Stop Button. Press it irresponsibly may get punished by the law.

　「注意:これは緊急時停車ボタンです。緊急を要する場合、このボタンを使って
電車を止めることができます。むやみに押すと法的に罰せられることがあります」

ちょっと
ヒント useとpressの品詞に注目!

useとpressは、もともと動詞と名詞、両方の使い方が可能な単語だ。この注意書きでは、これらふたつの用法がごちゃ混ぜになってしまっている。

> **use**
>
> **~you can stop the train by <u>use</u> the emergency stop button.**
>
> **press**
>
> **<u>Press</u> it irresponsibly may get punished by the law.**

動詞としてのuseとpressは、後ろに目的語を伴ってそれぞれ「〜を使う」「〜を押す」を意味する。名詞としての意味はそれぞれ「使用」「押すこと」で、後ろに目的語を置くことはできない。

この警告文ではuse, pressともに名詞として使われている。useの前には前置詞byがあり、Pressの先にはこの文の述語となる動詞may getがくるからだ。なのに、それぞれ後ろに目的語のようなthe emergency stop buttonやitという言葉がきている。普通の名詞の後に目的語を置くことはできないので、この部分が間違っている。

では、どうすればいいのか。

英語には、名詞と動詞の使い方をブレンドした**動名詞**というものがある。これを使えば話は簡単だ。**動名詞**とは、-ing形にすることで動詞を名詞化したもの。文中では名詞としても働くが、同時に、**他動詞を動名詞に変えた場合は、後ろに目的語を置くことができる。**

~you can stop the train by <u>use</u> the emergency stop button

前置詞byのあとには名詞がこなければならない。
しかし、名詞として置かれたuseは目的語は取れない

~you can stop the train by <u>using</u> the emergency stop button

usingは動名詞だから、目的語を取ることができる
「緊急時停車ボタンを使うことによって電車を止めることができる」

<u>Press it irresponsibly</u> may get <u>punished</u> by the law.

Ⓢ（主部）　　　　　　　　　Ⓥ（動詞）

名詞として置かれたPressは目的語を取れないから主部はつくれない

<u>Pressing it irresponsibly</u> may get <u>punished</u> by the law.

Ⓢ（主部）　　　　　　　　　Ⓥ（動詞）

他動詞を動名詞にしたPressingは目的語を取れるから主部にできる
「むやみにそれを押すことは、法的に罰せられるかもしれない」

■動名詞で主部をつくる基本の形

Reporting
anything unusual
won't hurt you

「異常を報告しても害はありません」

　ロンドンの地下鉄駅構内に貼られていたポスターだ。動名詞 Reporting が文の主語で、述部は won't hurt「害をあたえない」。

　他動詞の動名詞には目的語が必要。この掲示では、report「～を報告する」の動名詞 reporting「～を報告すること」の後に置かれた anything unusual「異常なこと」が目的語。Reporting anything unusual で「異常なことを報告すること」という文の主部となる。

Reporting anything unusual
　　　S（主部）
won't hurt you.
V（動詞）　**O**（目的語）

■動名詞を修飾するのは副詞

　さて、後ろに目的語を取ることができる以外にもうひとつ、動名詞には動詞的な特徴がある。illegal trade「不正な取引」のように、名詞を修飾するのは形容詞だが、動名詞を修飾するときには形容詞を使う場合と副詞を使う場合とがある。

「〜すること」と訳せるような、ある程度動詞的な意味合いが残っている場合には、副詞で修飾する。

　一方、普通の名詞のような意味の場合（右頁参照）には形容詞で修飾する。

　上の掲示はオクスフォードの街なかで見つけたもので、路上でしてはいけないことを示したリストの一部だ。Street-trading「路上で商売をすること」という動名詞にillegally「不法に」という副詞がついて、「路上で不法に商売をすること」という意味になっている。

■動名詞を修飾する形容詞

　動名詞を修飾するのは副詞や形容詞だ。どちらを使うかは動名詞の意味による。**名詞的な意味合いが強い場合には、形容詞で修飾する**（この種の動名詞は、「名詞」として辞書の見出し語になっているケースが多い）。

　代表的な例は、**No smoking**「禁煙」、**No parking**「駐車禁止」、**No littering**「ポイ捨て禁止」などのような No ...-ing の形のフレーズで、これらに含まれるnoは形容詞だ。この種のフレーズに含まれる -ing形は「喫煙、駐車、ポイ捨て」のように名詞的な意味合いが色濃い。だから、形容詞で修飾されている。下の例も同様で、bicycle parking は「駐輪」の意で、名詞的な色彩が色濃い。

「駐輪禁止　自転車は撤去されます」

Special Point

動名詞と現在分詞はともに -ing形。
では、いったい何がちがう?

　動名詞は、動詞を -ing形にしたものだが、現在分詞も見た目は
まったく同じだ。最近では「動名詞」や「現在分詞」とは言わ
ず、「-ing形」とひとくくりに扱うことも多い。この両者のちが
いは、簡単にいえば、動名詞は名詞と同じように、現在分詞は形
容詞と同じように使うという点だ。

　ここで質問してみよう。running cost と a running man に共
通して使われている running は、それぞれどちらが動名詞でどち
らが現在分詞だろうか。a running man は「走っている人」とい
う意味だ。running は man にかかる形容詞の働きをしている。し
たがって、この running は現在分詞だ。一方、running cost の
running も同様に「〜している」を意味する現在分詞だと仮定し
たら、「運営している資金」となり意味をなさない。正しい意味
は「運営費」だろう。running は「運営」という名詞の意味で使
われているから、こちらは動名詞だ。

　念のためもうひとつ別の例でも確認しておこう。

　living expenses と living creatures の living は、それぞれ動名
詞と現在分詞のどちらだろうか?

　living expenses は「生活費」で、living は「生活」を意味する。
living は名詞的に使われているから、これは動名詞だ。一方の
living creatures は文字どおりには「生きている生物」で、この
living は形容詞的に使われているので現在分詞である。

　動詞の目的語として使われる動名詞についても、名詞的な意味を意識すると理解しやすくなる。例えば、My car needs repairing.のように、needの後に動名詞がくる文を解釈する際、こんなふうに教わったことがないだろうか。「私の車は修理される必要がある」というように、動名詞に受身的な意味を加えて考えなさい、と。しかし、なぜ通常は「〜する」を意味する -ing形がこの場合にだけ「〜される」という受け身の意味になるのかが腑に落ちない。こんな説明では、動名詞の本来の意味合いも歪められてしまう。

　needやwant, require, demandなど、いずれも「〜を必要とする」といった意味の動詞の後に動名詞が続く場合には、動名詞の名詞的な性質を意識しよう。repairingなら「修理」と理解すればいいのだ。そうすれば、need repairingは「修理を必要とする」となり、あえて受け身的な考慮をする必要はなくなる。My shirt wants washing. は「私のシャツは洗濯 が必要だ」、The doors require painting. は「そのドアは塗装が必要だ」といった具合に。

「折れた車のキー　修理が必要ですか？」

確認問題 CASES15-19

本編で見てきたさまざまな「おかしな英語」とその正し方を思い出しながら、次の掲示（英語部分）のおかしな点を指摘し、あなたなりの訂正案を書いてみよう。

問題1

お持ち帰りできます。
You can take away

あなたの答え

問題2

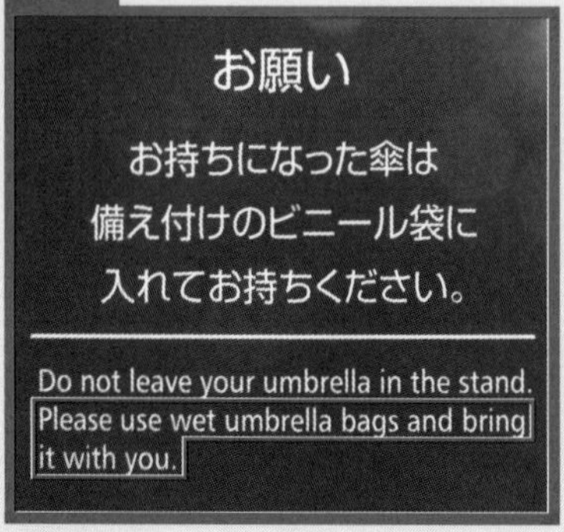

お願い

お持ちになった傘は
備え付けのビニール袋に
入れてお持ちください。

Do not leave your umbrella in the stand.
Please use wet umbrella bags and bring
it with you.

あなたの答え

問題3

ご見学中お荷物お預かりできます。
We can keep your luggage while you are looking the inside.

あなたの答え

問題4

> コーヒーはお部屋へお持ち帰りいただけます。
> お持ち帰りの際は、専用カップをご利用ください。
>
> You can bring coffee to your room. please use takeaway cup thank you.

あなたの答え

問題5

> **これより先は有料館内の為ご入場出来ません**
> **It is not possible to enter in a pay pavilion**

あなたの答え

問題6

マナーモードに
設定の上、通話は
ご遠慮ください。

Please set your mobile phone to
silent mode and refrain talking
on the phone.

JR
JR九州

あなたの答え

正解例

問題1の答え

You can take <u>it</u> away.

　take は他動詞なので目的語を必要とするが、この掲示文にはそれがない。したがって、it などを挿入して目的語を加える必要がある。

問題2の答え

Please use wet umbrella bags and <u>take</u> it with you.

　bring it with you では「持ってきてください」といった意味になってしまう。傘はこの場所に置かず、傘袋に入れてご自分でお持ち歩きください、という掲示の趣旨に合わせるためには、bring を take に換える必要がある。

問題3の答え

We can keep your luggage while you are in <u>our museum</u>.

　自動詞 look の後ろに目的語のように the inside が置かれている点に問題がある。look inside「内側を覗き込む」の inside は副詞で the がつくことはない。look inside は「（外側から）内側を見る、のぞき込む」というニュアンスがあるので、この掲示の文脈には合わず、掲示の意図を汲んで「当館内にご滞在中」という表現にしてはどうだろう。

132

You can <u>take</u> coffee to your room.
Please use <u>takeaway cups</u>. Thank you.

ホテルのレストランにあった掲示。店側の立場で書かれており、bring を使うと、店に何かを「持ってくる」という意味になる。ここでは部屋にコーヒーを「持っていく」という話なので、take を使う。

❶ Please pay before entering the paid pavilion.

❷ You cannot enter the paid pavilion without paying admission.

「〜に入る」の enter は他動詞なので、in などの前置詞は不要だ。It is not possible to enter だと「(誰も)入ることができない」という意味になるが、実際には「料金を払わなければ入れない」という条件を伝える掲示なので、この部分も改める必要がある。

Please set your mobile phone to silent mode and refrain <u>from</u> talking on the phone.

refrain「控える、慎む」は自動詞なので、この掲示のように後ろに目的語を伴って使うことはできない。「〜を控える、慎む」と言いたい場合には refrain from ... の形を使う必要がある。

20 英国風パブにて

間違いやすさ ★★ ☆☆☆   難易度レベル ★★★ ☆☆

whoの前に前置詞は置けない。
関係代名詞whoには先行詞が必要

　2007年の法改正で、飲酒運転した本人だけでなく酒類を提供した店にも罰則が科せられるようになり、それ以来、「車で来店した人には酒類を出さない」といった張り紙が増えた。

　こちらは名古屋にある英国風パブの前に出ていた掲示の一部だ。この種のパブは外国人客も多く英語表記があるのは親切だが、残念ながらどこかがおかしい。わかるだろうか？

サンプル1

自動車および自転車を運転される
方への酒類のご提供はお断りいた
します
We are prohibited to serve alcohol to who drive a
car or ride a bicycle.

拡大して見ると…

**We are prohibited to serve alcohol
to who drive a car or ride a bicycle.**

ちょっと
ヒント　関係代名詞whoの使い方に注目!

■whoの前に前置詞は置けない

人称代名詞は、he（主格）-his（所有格）-him（目的格）と格変化する。関係代名詞 who も同様に、who（主格）-whose（所有格）-whom（目的格）と格変化する。

前置詞に続く場合には、to him のように目的格に変化するので、この掲示にある to who というフレーズではおかしい。では、to who を to whom としたら正しくなるかというと、残念ながら答えはNOだ。なぜか。ロンドンで見つけた以下の掲示と比較しながら考えてみよう。

「身体に障害のある方、妊娠している方、立っているのが大変な方に席をお譲りください」

ロンドンの地下鉄の中に貼られていた優先席の張り紙と比較してみよう。

この掲示に見られるように、関係代名詞who（およびその変化形：whose, whom）は、必ずそれに先行する名詞（**先行詞**）と一緒に使う。

サンプル1の掲示にも先行詞を加え、to **people** who … とすれば「…のような人々に対して」の意味になり、文法的に正しく意味も通じるようになる。people と置き換え可能なthose を入れてto **those** who … としてもいい。また、「客」を意味する**customers**のような語を使うことも可能だ。

to people who drive a car⋯

to those who drive a car⋯

to customers who drive a car⋯

■未来形にするためのwill

また、people who drive a carは文法的には正しいが、これでは「（普段から）車を運転している人、車を運転できる人」一般のことを言っているように聞こえる。この掲示では「これから（店を出た後に）車に乗る人」に特定しているのだから、例えばpeople who will drive a carなどとしたほうがより適切だろう。

😖 **We are prohibited to serve alcohol to who drive a car⋯**

to him, to her とはいえるが、to who とはいえない

😄 **We are prohibited to serve alcohol to people who will drive a car⋯**

😄 **to those who will drive a car⋯**

😄 **to customers who will drive a car⋯**

関係代名詞who, whose, whomの前には先行詞を置く必要があり、これから車に乗る人を対象にした注意文なので、willを補う
「店を出たあと車に乗るお客様にはアルコールの提供は禁じられています」

「パブ」はもともと 「誰でも利用できる家」

　最近はあちこちにアイリッシュパブやブリティッシュパブができて、日本人にもある程度パブのことが知られてきた。店構えなども本場を意識したものが多く、そうした店には当地からの外国人客もやってくるため、日本にいながらにして疑似パブ体験ができる。

　pubという言葉は、次の看板にも見られるようにpublic houseの略で、「（料金を払えば）誰でも利用できる家」というのが本来の意味だ。そこから、古くは（食事や酒も出す）宿屋を意味し、現在では一般にパブ（飲み屋）を意味するようになった。

下から3行目に
PUBLIC HOUSE の文字が

　イギリスやアイルランドのパブは日本の居酒屋とはまったく異なる。昼から開いている店が多く、日中は待ち合わせや暇つぶし、人とちょっと話をするためなど喫茶店に近い感覚で使われることも多い。いろいろなイベントがあったりして、社交場としての性格が色濃い。渡英した際には、英国人の日常生活の一端を垣間見るためにもぜひ一度はパブに行ってみてほしい。

21 神社のトイレにて

間違いやすさ ★★ ☆ ☆ ☆ 難易度レベル ★★★ ☆ ☆

時間を表す「〜の後」はafter 空間を表す「〜を超えて」はbeyond

大勢の人でごった返す観光地でトイレが見つからないときは焦るものだ。この掲示は、そんな状態に陥らないよう注意を喚起するためのもので、京都・伏見稲荷大社内のトイレにあったものだ。「(いったん参道に入ってしまえば) この先、もうトイレはない」ということを知らせている。この文の英語表記に問題点はないだろうか。

サンプル1

稲荷山は信仰のお山です
これより先にお手洗いはありません

The Inari Mountain is considered to be a sacred place, so that there are no restrooms after this point.

最後に出てくる前置詞afterが怪しい

日本語の「〜の後に」という言葉は便利なもので、時間＆空間の両方の意味に使うことができる。しかし英語のafterは、主に時間的に「〜の後」を表すのに使う前置詞だ。

では、伏見稲荷大社の掲示で伝えたい「これより先」という部分はどうか。あきらかに時間（未来）ではなく、空間（物理的な「こ

の地点より先」）を問題としている。よって、afterではなく別の前置詞を持ってくる必要がある。**空間的に「これより先」というときにはafterではなく、beyondを使う。**

 there are no restrooms <u>after</u> this point.
時間的に「後」を表す場合に使う

 there are no restrooms <u>beyond</u> this point.
空間的に「これより先」を表す場合に使う

■afterの正しい用例

「もしこの門が午後4時以降に開いていたら、閉めて鍵をかけてください」

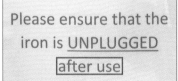

「使用後はアイロンのコンセントを確実に抜いておいてください」

　これらふたつの例のように、**時間の前後関係が意識されているときはafterでよい。**「お先にどうぞ」を意味する決まり文句After you. も同じで、**「あなたが先、私が後」という時間的な前後関係を意識した言葉だ。**「あなたが前、私が後ろ」という空間的な位置関係を問題としているわけではない。

■beyondの正しい用例

「これより先、飲み物の持ち込み禁止」

「これより先、食べ物・飲み物の
持ち込み禁止」

一方、空間的に「これより先」を表すbeyondは、例えばこれらのように使う。飲食を禁止する部屋や建物の入口によくある文面だ。

もうひとつbeyondが使われている例を見ておこう。

GOODS MUST BE LOADED CAREFULLY AND MUST NOT PROJECT BEYOND EDGE OF LIFT

「物は慎重に乗せ、エレベーターの端からはみ出さないようにすること」

地下キッチンから一階の食堂に料理を上げるための小型エレベーターに付された注意書きだ。エレベーターの端から物がはみ出した状態で使わないよう注意を喚起している。この例でもわかるとおり、beyondはある地点や境界線を「超えて、その向こうに」という位置関係を示す前置詞なのだ。

■beyondの反対語

　after「〜の後」の反対語がbefore「〜の前」なのはご存じだろう。では、beyond「〜を超えて」の反対語は何だろうか？　つまり、駅のアナウンスが「白線の内側でお待ちください」と言うときの「〜の内側で（〜を超えないで）」を英語では何と言うか。

　「内側」という語感からinやwithinを思い浮かべる人が多いだろうが、オクスフォード駅で見つけた次の掲示に見られるように、この場合に使うのはbehindだ。

「このホームは高速鉄道が通過します。ホームの端から離れ、
黄色い線の内側でお待ちください」

時間的な前後関係を表す際の前置詞
after「〜の後」 ➡ before「〜の前」

空間的な前後関係を表す際の前置詞
beyond「〜を超えて、〜の向こうに」 ➡ behind「〜の内側に」「〜の手前に」

「トイレ」を表す
いろいろな表現

　日本でもトイレを示す単語は便所、お手洗い、化粧室、雪隠などいろいろあるが、英語でもそれは同じだ。一般的な名称だけでも、**toilet, lavatory, restroom, bathroom, loo** などがあり、俗語や方言も合わせればこの何倍もの表現が存在する。

　英語の俗語には piss-house「小便小屋」や shit-house「糞小屋」といった、日本語で言う「便所」に近い表現がある。しかし、たいていの人はその直接的な響きを好まず、冒頭に挙げたような上品な言葉を使う。本来は「休憩所」や「風呂場」を意味する restroom, bathroom、あるいは日本語の「お手洗い」にも通ずる washroom や lavatory（ラテン語に由来し「洗う所」の意）、「化粧室」を表す powder room など、いずれも婉曲的な表現だ。

　なお、bathroom が「トイレ」の意味になるのは、英語圏では風呂とトイレが同じ個室内にあることが多いためで、これもやはりトイレに直接言及するのを避けた婉曲表現の一種だ。

　フランス語由来の toilet はもともと「布、布製のカバー」を表す語で、そこから転じて「着付け（の際に必要なもの）」となり、さらに「着替え部屋」を経て現在の「トイレ」となった。やはり婉曲的に言い表すための転用だ。

　イギリスの口語ではトイレのことをよく loo というが（一説には Waterloo という地名に由来するとも言われている）、直接的な表現を避けるためにほとんど意味のない言葉が使われはじめ、そ

れが定着したようだ。

　このほか、トイレ入口に掲げられた性別表示にしばしばladies「女性」、gents「男性」とあることから、gentsやladiesという語自体で「トイレ」を表すことも多い。

「女性用・男性用」
（トイレがあることを示す掲示）

22 商業施設の喫煙所案内

間違いやすさ ★★☆☆☆　　難易度レベル ★★☆☆☆

underは「(何かに覆われた)下に」
belowは単に「(〜の)下に」

　社会的な禁煙意識が高まるにつれ、分煙のため各所に喫煙所が設けられるようになった。こちらは恵比寿ガーデンプレイスで見つけた喫煙所に関する英語の看板文だ。

「恵比寿ガーデンプレイスでは、以下に示した喫煙所を除いては、屋外での喫煙は禁止されています。ご協力ありがとうございます」といったところか。さて、おかしいのはどこだろう？

サンプル1

In YEBISU GARDEN PLACE, smoking is prohibited outside, except the Smoking area located under. Thank you for your cooperation.

ちょっとヒント　「以下に示した喫煙所を除いては」の部分に注目！

「喫煙所を除いて」の部分は、正しくはexcept in the smoking areaと前置詞inを補う必要があるが、それよりも重大な間違いがある。第一文の最後に置かれた under の使い方だ。辞書でunderを引くと、前置詞だけでなく副詞で「下に」という意味がある。だからこの書き手は、located under で「下に場所が示された」と言えると思ったのだろう。

しかし、「下に」を表す副詞には under のほかに below があり、両者はニュアンスに応じて明確に使い分けられる。正解を先にいうと、この看板の掲示文に適切なのは below だ。

> 😖 except the smoking area located <u>under</u>
>
> 😄 except in the smoking area located <u>below</u>

「〜の下に」を意味する under を前置詞として使うと、**under the sky**「空の下」、**under the tree**「木の下」、**under the same roof**「ひとつ屋根の下」のように、上に何か覆うものがあり、その覆いの「下に」というニュアンスが出てくる。**under the sea** であれば、上を海で覆われている状態、つまり「海底で、海中で」ということになる。

恵比寿ガーデンプレイスの掲示のように「以下の地図に示されているように」といった意味の場合は、何かに覆われた下にあるわけではなく、あくまでも掲示内の「（本文よりも）下のほうに」と言っているだけなので **under** ではおかしい。

一方、belowという語はbe- (=by)「〜の側」とlow「低い」とから成っており、「低い側に」がもともとの意味だ。そこから、何らかの基準に対してそれよりも「低いほうに、下のほうに」といった意味を表すようになった。

　例えば、前置詞として使った場合、below sea levelは「海面より低い位置に、海抜ゼロより下に」ということで、海面という基準よりも低いことを表す（周りに海があるかどうかにかかわらず、「海抜ゼロを基準にしてそれより低い」という意味）。

　したがって、「（看板に記された掲示文の）場所を示された喫煙所」という掲示文の意味なら、underではなくbelowが適切ということになる。

In case of an emergency outside of office hours, please call our contact centre on the telephone number below.

「営業時間外で緊急の場合には、以下の電話番号の
連絡センターへお問い合わせください」

　イギリスで見つけた上の掲示でも、「下に、以下に」という意味合いでbelowを使っている。この掲示文の下には、たしかに連絡センターの電話番号が記載されている。

146

　ちなみに、「以下に示された」ではなく、「上に示された」と言いたいときは何といえばいいだろうか?

　こちらの掲示のようにbelowの反対語aboveを使えばいい。合わせて覚えておくといいだろう。

During the dates and times above Green Line
757 to Luton Airport and 758 to Hemel
Hempstead will not be able to serve this stop.

「上記の日時には、ルートン空港行きグリーンライン757番と
ヘメル・ヘムステッド行き758番のバスは、この停留所では止まりません」

イギリスの朝食は
豪華な盛り合わせ！

イギリスは料理がまずいとよく言われるが、full English Breakfast は旅行客にもなかなか好評だ。英国の作家サマセット・モームも To eat well in England, you should have a breakfast three times a day.

「イギリスでよい食事をとりたければ、一日に三度朝食を食べるといい」と言っている。

下の写真は典型的な full English Breakfast だ。

目玉焼き、ベーコン、ソーセージ、ベークド・ビーンズ、フライド・マッシュルーム、ブラック・プディング、焼きトマト、フライド・イーストなどが盛られ、インスタ映えするビジュアルだ。full というのは、これらすべてが揃っているという意味で、小食な人や食欲のない人はこのうち食べたいものだけ選んで注文することもできる。ハム、チーズ、ヨーグルトなど、火の通って

いない冷たい食材だけのいわゆる**Continental Breakfast**よりかなり豪華だ。

　ところで、イギリス＝Englandだと思っている日本人が多く、そういう人はよく「イギリスの」と言おうとしてEnglishを使う。しかし、EnglishはEnglandの形容詞で、「イギリスの」ではなく「イングランドの」という意味だ。つまり、English Breakfastが食べられるのは、連合王国イギリスを構成する4つの構成国のひとつイングランドのみということになる。

　同じイギリス国内でも、もしスコットランドでEnglish Breakfastを食べたいと言ったら、「イングランドに行け」と言われるだろ

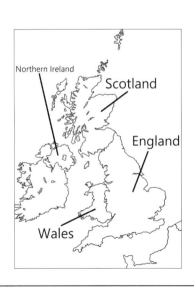

う。スコットランドで食べる朝食はScottish Breakfastだからだ（メニュー自体はそれほど変わらないのだけれど……）。実際に、スコットランドのホテルでEnglish Breakfastを注文した客と、Scottish Breakfastしかないと答える店員がちょっとした口論になっているのを見たことがある。

23 JR駅のホームドア

間違いやすさ ★★ ☆ ☆ ☆ 　　難易度レベル ★★ ☆ ☆ ☆

be動詞を使わないで受け身的な意味を表す 「get ＋（自分のもの）＋過去分詞」

　近年、電車との接触やホームへの落下事故を防ぐための「ホームドア」を設置した駅が増えてきている。こちらはJR池袋駅のホームドアに貼られていた掲示だが、英語表記におかしなところはないだろうか？

サンプル1

手を挟まれない
ように注意して
ください

Be careful
not to catch
your hand
in the doors

 ちょっと
ヒント 「挟まれない」を表す動詞は？

「挟まれないように」が not to catch と訳されている。ここが怪しい。このcatchの用法にはいったいどんな問題があるだろうか。

　他動詞catchは後ろに目的語を伴い、「〜をとらえる、〜をつかまえる」といった意味を表す。ここではyour handが目的語だから、「あなたの手をつかまえないように」といった意味になり、「手を挟まれる」とは全然ちがう意味になっている。

　また、掲示の趣旨からすると、**「あなたの手をつかまえる」のはドアのはずだが、この英文だと、「あなたの手をつかまえる」のはあなた自身という不思議なことになる。**

　ではどのように直せばいいのか。Be careful not to …から書きはじめて動詞にcatchを使いたいなら、例えば、Be careful not to get your hand caught between the doors. といったようにする必要がある。「**get +（自分のもの）+ 過去分詞**」は、自分の持ち物などが何らかの被害に遭うといったときに使う定型表現で、「**（自分のもの）を〜される**」という意味だ。get your hand caught なら「（自分の）手を挟まれる」ということになる。また、最後に使う前置詞はinよりもbetweenのほうがいいだろう。

Be careful not to catch your hand in the doors.

「文の主語＝to不定詞の意味上の主語＝you」だから、おかしな意味になってしまう→「あなたはドアで自分で自分の手をつかまえないように注意してください」？

Be careful not to get your hand caught between the doors.

「get +（自分のもの）+ 過去分詞」で「（自分のもの）を…される」という意味になる→「（あなたの）手をドアに挟まれないように注意してください」

■文の主語と to不定詞の意味上の主語は同じ（1）

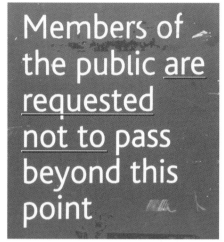

「一般の方はこれ以上先に入らないようお願いいたします」

　こちらは大英博物館内で見つけた立ち入り禁止の掲示だ。be requested to … は、「…するようお願いします」といった意味。この場合はtoの前にnotがあるので、「…しないようお願いします」となる。いずれにしろ、「…する（しない）」ようにお願いされているのは、文の主語である「一般の方」だ。必然的に to不定詞の意味上の主語も「一般の方」ということになる。池袋駅ホームドアの正しい掲示文例 Be careful not to get your hand caught between the doors. もこれと同じで、注意を促されているのは「あなた」、to不定詞の意味上の主語も「あなた」である。

■文の主語と to 不定詞の意味上の主語は同じ（2）

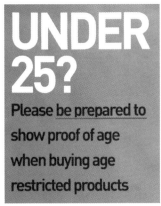

「25歳未満？
（その場合は）年齢制限のある商品を購入
する際に、年齢を証明するものを提示で
きるようにしてください」

　イギリスのパブなどによくある掲示だ。中央の be prepared to
…は、「…できるよう備えておく」という意味。

　25歳未満に見える人たちに、求められたら年齢を証明できるよ
う身分証を携帯しておくように、と言っている。

　こちらも同じく、文の主語も to 不定詞の意味上の主語も「25歳
未満に見える人」だ。

■keep Ⓐ clear of Ⓑ

　じつは英語圏の駅や電車で、「ドアに手や持ち物を挟まれないように」と謳う場合、池袋駅のような be careful not to … という表現はあまり目にしない。一般的なのは、例えば次のようなものだ。

Please
keep your
belongings
and clothing
clear of
the doors

「(ドアに挟まれないように)持ち物や服を
ドアから離してください」

　ロンドンの地下鉄のドアに貼られていた掲示だが、ここで使われている keep Ⓐ clear of Ⓑ「ⒶをⒷから離しておく、近づけない」は非常にポピュラーな表現だ。池袋駅の例でいえば次のようになるだろう。

Please keep your hands clear of the doors.

　ちなみに、ロンドン地下鉄ではドアが閉まる際に Mind (the) door.「ドアにお気をつけください」というアナウンスがなされる。Mind the gap.「（ホームと電車の間の）隙間にお気をつけください」とともに、ロンドン地下鉄の「名文句」として親しまれている。

　なお、アメリカでは、このような文脈でmindの代わりに watch が使われる。以下はニューヨークの列車内で見つけた掲示。

英語に苦労するのは
日本人だけじゃない

　英語で苦労しているのは私たち日本人だけではない。非英語圏を旅していると、そのことがよくわかる。ギリシアのアテネで地下鉄に乗っていたところ、ドアに手を挟まれないように、という次のような注意書きが目についた。

ΠΡΟΣΟΧΗ ΣΤΙΣ ΘΥΡΕΣ.
ΚΛΕΙΝΟΥΝ ΠΡΟΣ ΤΑ ΜΕΣΑ
BE CAREFUL

　Be careful「気をつけて」は正しい英語だが、ギリシア語に比べ短すぎる気がする。

　ギリシア語は私にとって文字どおり all Greek to me「まったくちんぷんかんぷん」なので、ここに何と書かれているのかよくわからないが、おそらくもう少し多くのことが言われているはずだ。

　また別の日には、この掲示の改訂版を見つけた。

　こんどはギリシア語と英語の分量がほぼ同じになっているが、まだ問題がいろいろある。最初の Be careful with the doors は、with を of にしたほうがいい。be careful with fire「火の扱いに注意する」のように、with を使うと何かの取り扱いについて注意

ΠΡΟΣΟΧΗ ΣΤΙΣ ΘΥΡΕΣ.
ΚΛΕΙΝΟΥΝ ΠΡΟΣ ΤΑ ΜΕΣΑ
Μη βάζετε τα χέρια σας μεταξύ
της πόρτας και του πλαισίου της

**BE CAREFUL WITH THE DOORS
THEY CLOSE INWARDS**
Do not place your hands between
the door and its frame

するというニュアンスに
なってしまう。

　これに続く They close
inwards「ドアは内向きに
閉まります」とはいった
いどういうことなのか、
よくわからない。

　その下に、小さい文字で
Do not place your hands
between the door and its
frame「ドアとドア枠の間
に手を入れないこと」と
あるが、やはり「？」だ。

そこで実際にドアの開閉する動きを観察してみたところ、ようや
く何が危ないのか理解できた。

　この地下鉄のドアは、引き戸のように左右のドアが閉じた後、
ドア全体が内側にスライドして完全に閉まる仕組みになってい
た。「内向きに閉まる」とはこの動きのことを指していたのだ。
それを表すには、**They slide inwards after closing.** などもう少
し言葉を補う必要がある。

24 ゲームセンター・観光案内所にて

間違いやすさ ★★ ☆☆☆ 難易度レベル ★★★★☆

過去形は
過去のことを言うのに使う

　那覇のゲームセンターで、UFOキャッチャーの筐体_{きょうたい}に次の掲示が貼られていた。景品が取れたらスタッフを呼ぶようにとの案内だが、英語表記に問題はないだろうか？

サンプル1

⚠ 取れたらスッタフを呼んでね
If you got a prize
please call staff

　一方、以下は博多駅構内の観光案内ブースのモニターに添えられていた掲示文だ。日本語ではこうある。「ボタンを押してから画面が表示されるまでに少々お時間がかかっており、大変ご迷惑をおかけしております。**一度ボタンを押したら、情報が表示されるまでし**ばらくお待ちください」

　英文のどこがおかしいだろうか？

サンプル2

Once you pressed the button, please wait for the information to appear.

ちょっとヒント　日本語の「〜したら」=英語の過去表現？

　ふたつに共通するおかしな点は、日本語で「～したら」というところに、過去形の動詞（got, pressed）が使われていることだ。英語では、**過去形の動詞は過去に起きたことを言う際に使う**。当たり前の大原則だ。これから景品を取ったり、ボタンを押したりする人に向けた案内なのだから、ふたつとも過去のことなど言っていない。

　それぞれ If you get a prize, … や Once you press the button, … と動詞を現在形にする必要がある。

☹ **If you <u>got</u> a prize, please call staff.**
日本語では過去形のような「取ったら」だが、
話題は現在または未来のこと

😄 **If you <u>get</u> a prize, please call a staff member.**
「景品を取れたらスタッフを呼んでね」

☹ **Once you <u>pressed</u> the button, …**
日本語では過去形のような「押したら」だが、
話題は現在または未来のこと

😄 **Once you <u>press</u> the button, …**
「一度ボタンを押したら……」

■現実的なことを言う場合＝条件節の動詞は現在形

「愛していたら、鍵をかけ、
電気をつけましょう」

アイルランドの首都ダブリンの街なかで見つけた掲示。警察が制作したポスターだ。空き巣が入らないよう、留守にする際には家に鍵をかけ、電気をつけておくよう呼びかけている。このような文脈は日本語では「（家・家庭を）愛していたら」という過去形のような言い方をするが、内容的に過去のことを言っているわけではないので、英語では現在形loveを使う。

This machine will be
descaled next week. It
is currently working —
if it <u>fails</u>, please switch
off.

「この湯沸かし器は来週湯垢を落とす予定です。今のところ機能していますが、もし機能しなくなったら電源を落としてください」

上は、オクスフォード大学のあるコレッジの共有スペースに設置された湯沸かし器についていた掲示。今に至るまで機械は作動して

160

いて、「機能しなくなったら」の部分は過去ではなく、今あるいは今後のことを言っている。だから、if 節では現在形の動詞 fails が使われている。

ふたつの用例ともに、現在または未来における現実的なことを想定した内容になっている。「(家・家庭を)愛していたら」も「機能しなくなったら」も現実的なこととしてとらえられている。このような場合、動詞は現在形を使う。

■非現実なことを想定する場合＝条件節の動詞は過去形

一方で、いま現在について、非現実的なことを想定してものを言う場合は、仮定法過去といって条件節の動詞は過去形にする必要がある。現在のことのはずなのに過去形を使うと、非現実感が出るのだ。例えば、以下の掲示のように。

「新しいバッグを買う季節があるなら、それは秋です」

実際には存在しない「新しいバッグを買う季節」があるなら、という非現実的なことを想定した文なので、仮定法過去（was）が使われている（なお、be 動詞の仮定法過去は伝統的には were だが、この写真のように、最近では主語が単数形の場合には was が使われることが多くなってきている）。

確認問題 CASES 20-24

本編で見てきたさまざまな「おかしな英語」とその正し方を思い出しながら、次の掲示（英語部分）のおかしな点を指摘し、あなたなりの訂正案を書いてみよう。

問題1

FRESH BEANS FOR TAKEAWAY
Minimum order for fresh beans is 300 grams.
One order requires approximately
7-10 minutes for roasting and cooling.
After which, the beans will be bagged,
sealed and ready to take away.

「ご注文をいただいてから焙煎して冷やすため約7〜10分かかります。その後コーヒー豆を袋に入れて密閉し、お持ち帰りいただくための用意をいたします」

あなたの答え

問題2

Before you lift up this stone, please guess the weight.

If you felt the weight is lighter than the weight you guessed, your wish would come true.

「この石を持ち上げる前に、重さを想像してみてください。（その上で、石を持ち上げた際に）思ったよりも軽く感じたら、あなたの望みはかなうでしょう」

あなたの答え

問題3

次のことを伝えたい看板をつくるとしたら、
英語で何と書けばよいだろうか？

これより先、写真撮影禁止

あなたの答え

_____

問題4

次のことを伝えたい看板をつくるとしたら、
英語で何と書けばよいだろうか？

障害のある方、妊娠している方、立つのが困難な方のための優先席

★ヒント less able to stand「立つのが困難な」

あなたの答え

_____

_____

正解例

One order requires approximately 7-10 minutes for roasting and cooling, after which the beans will be bagged, sealed and ready to be taken away.

　関係代名詞whichには先行詞が必要だが、それがないのが問題点だ。ここでは、7-10 minutes for roasting and cooling「焙煎し冷やすための7～10分」を先行詞とし、これに続けて , after which ...「その後で……」とすれば問題は解消される。which直後のカンマは不要だが、after whichの前にカンマを打ち、非制限用法の関係代名詞にする必要がある（CASE30参照）。そうすることで、カンマの前までのひとまとまりが主要な話題、カンマの後はそれに付随する追加情報として理解できるようになる。

If you feel the weight is lighter than you guess, your wish will come true.

　日本語の「思ったよりも重く感じたら」という過去形のような表現に引きずられ、If you felt the weight ... としているのが問題点だ。過去のことを話しているわけではないので、ここは過去形ではなく現在形feelにする必要がある。

問題3の答え

No photography beyond this point.

 Quiet Please

No photography beyond this point.

　左の写真のとおり「**撮影禁止**」はNo photographyとし、「**これより先**」にはbeyondを使ってbeyond this pointとすればよい。「撮影禁止」はDon't take picturesなどでも置き換え可能。

問題4の答え

Priority seat for <u>people who</u> are disabled, pregnant or less able to stand.

Priority seat
for people who are disabled, pregnant or less able to stand

　「優先席」は英語でpriority seat。**people who are ...** という**関係代名詞節**を使う。peopleの代わりにthose「人々」やpassengers「乗客」などを使うことも可能。

25 ホテルの外貨両替機案内

間違いやすさ ★★★☆☆　難易度レベル ★★★★☆

「not only Ⓐ but also Ⓑ」の Ⓐ と Ⓑ は同じ種類の言葉に

　京都の通りを歩いていると、あるホテルの前にこんな掲示が貼られていた。道ゆく外国人観光客に向けたものだろう、注意を引くよう黄色地に黒字で書かれている。目立つせいで、おかしな英語にパッと視線が吸い寄せられてしまった。どこが問題だろうか？

サンプル1

**Please feel free to use
Cash Exchange Machine
located in the 1F lobby
not only hotel guests
but also for the public!!**

「1階ロビーに設置された外貨両替機をご自由にお使いください。
ホテル宿泊者のみならず、一般の方にもご利用いただけます!!」

ちょっとヒント　「not only Ⓐ but also Ⓑ」の Ⓐ と Ⓑ はそれぞれ何か？

■並置する際は、文法上同じ種類のものを置く

　この掲示では、**not only Ⓐ but also Ⓑ「ⒶだけでなくⒷもまた」**という決まり文句が使われている。しかし、この使い方はちょっと残念だ。not only Ⓐ but also Ⓑ を使うとき、**ⒶとⒷの部分には文法的に同じもの（品詞）を置く必要がある。**それなのに、ⒶとⒷに文法的に異なるものが置かれてしまっている。

> Ⓐ：hotel guests／名詞句
> Ⓑ：for the public／前置詞句

　「（外貨両替機は）宿泊客のためだけでなく一般の方のためのものでもある」と言いたいのだから、**Ⓐにも for 加えて前置詞句とし、not only for hotel guests but also for the public とする必要がある。**

　欲をいえば、もう少し改善すべき点もある。for hotel guests と for the public はともに Cash Exchange Machine にかかるが、それにしては両者がかなり離れている。言いたいことは伝わるかもしれないが、文としてだいぶぎこちない。この違和感を解消するには、lobby まででいったん文を終え、それに続けて It（外貨両替機）is ではじまる文にすればいい。

~not only <u>hotel guests</u> but also
(A)

<u>for the public</u>
(B)

not only の後（(A)）には、but also の後（(B)）と等価のものを置く必要がある

Please feel free to use Cash Exchange Machine in the 1F lobby. It is not only <u>for hotel guests</u> but also <u>for the public</u>.
(A)
(B)

■not only (A) but also (B) の正しい用例

> *Brain tumours can affect not only <u>an individual</u>, but also <u>family, friends and carers</u> – and support is needed for all*

「脳腫瘍は個人だけでなく、家族、友人そして介護者にまで影響を及ぼしかねません。だから、みんなに援助が必要です」

　こちらのイギリスの例を見て確認してみよう。not only (A) but also (B) 「(A)だけでなく(B)もまた」の(A)、(B)に当たる部分には、いずれも名詞が置かれている。

Ⓐ：an individual／名詞
Ⓑ：family, friends and carers／名詞

　同じように、もしⒶが動詞ならⒷも動詞、Ⓐが形容詞ならⒷも形容詞、Ⓐが副詞ならⒷも副詞といったように、ⓄとⒷには文法的に等しいものを置くのが原則だ。

26 雑貨店にて

間違いやすさ ★★★☆☆　　難易度レベル ★★★★☆

相関表現を使うときは、同じ種類の言葉を並べる

　リゾート用の衣料や小物を扱う那覇の雑貨店に出ていた掲示だ。CASE25で見たnot only Ⓐ but also Ⓑという相関表現が使われているが、やはり使い方がおかしい。先に説明した原則に照らして、どう直せばいいだろうか？

サンプル1

Not only at the beach, but also you can wear pareo at the party or shopping.

「パレオはビーチでだけでなく、パーティや買い物の際にも着ることができます」

 ちょっとヒント　ⒶとⒷにそれぞれ何がきているか

Not only <u>at the beach</u>, but also
　　　　　　Ⓐ 副詞句

you can wear pareo at the party or shopping.
　　　　Ⓑ 文「主語＋動詞」

　Ⓐには、副詞的に働くat the beachがあるのに、Ⓑにはyou can wear pareo …. という「主語＋動詞」を含む文が置かれており、ⒶとⒷが同じ種類の言葉になっていない。

ではどうすればいいか?

まず、🅰のat the beach「ビーチで」に合わせて、🅱にも副詞的な働きをする前置詞句を置く必要がある。例えば、🅱にat the party or when shopping「パーティで、あるいは買い物の際に」を置けば、🅰と🅱とが文法的に等しくなる(at shoppingとは言わないので、when shopping「買い物の際に」などshoppingの前に言葉を補う必要がある)。

残りのyou can wear a pareo(pareoは数えられる名詞なのでaを付ける)は文の主語と動詞を含むので、これを最初に持ってきて、You can wear a pareo not only at the beach but also at the party or when shopping. とすれば、しっかりした文になる。

 Not only at the beach, but also 🅐
you can wear pareo at the party or shopping. 🅑

 You can wear a pareo not only
at the beach but also 🅐
at the party or when shopping. 🅑 🅑

■並置する際は、文法上同じ種類のものを置く

THE NATIONAL TRUST
THE GEORGE INN
It is known that the George Inn existed in the late 16th Century although the present building dates from 1677. Both Shakespeare and Dickens knew the hospitality of the inn which has continued right up to the present day. The inn is now owned by The National Trust

「現在の建物は1677年に建築されたものだが、ジョージ・インは16世紀後半には存在していたことが知られている。シェイクスピアもディケンズもこの店の手厚いもてなしを知っていたし、それはもちろん現在まで続いている」

　ロンドンの歴史的パブ、ジョージ・インで見つけた上の掲示では、both Ⓐ and Ⓑ 「ⒶもⒷも」が用いられている。このように複数のものを列挙する際には、ⒶとⒷに文法的に等しいものがこなければならない。ここではそれぞれShakespeareとDickensという文豪の名前が並置されている。同じように、A, B, C, D and E 「A, B, C, DそしてE」と複数のものを列挙する場合も、名詞なら名詞、形容詞なら形容詞、といった具合に、文法的に等しいものを並記する必要がある。

　最後にもうひとつだけイギリスの掲示の例を見ておこう。スーパーマーケットの中で見つけたもので、監視カメラが設置されているということを通知したもの。

「顧客や従業員の安全のため、また犯罪を発見するために、
画像は常に監視かつ記録されています」

　ここで使われている **B** as well as **A**「**A**だけでなく**B**もまた」
は、not only **A** but also **B**とだいたい同じ意味だ。したがって、**A**
と**B**には文法的に等しいものが置かれなければならない（なお、い
ずれの表現でも**A**よりも**B**のほうに話の力点が置かれる）。

　この掲示でいうと、**B**にはfor the safety of our customers and our
colleagues、**A**にはto detect crimeが相当する。一見、**A**と**B**は性
質のちがう表現に見えるかもしれない。しかし、**B**は「顧客や従業
員の安全の**ために**」、**A**は「犯罪を発見する**ために**」という意味で、
いずれも文の動詞（are being monitored and recorded）にかかる
副詞の役割を果たしている。文法的には等しく、これで問題ない。

　こうした相関表現には、ほかにeither **A** or **B**「**A**か**B**かどちら
か」／not **A** but **B**「**A**でなく**B**」などがある。いずれも**A**と**B**に
は等価の言葉を置く必要がある。

27 大学キャンパス内にて

間違いやすさ ★★★ 　難易度レベル ★★★★☆

話者のニュアンスを伝えるには
動詞の前に助動詞を置く

　日本の大学の多くは誰でも簡単に出入りができるので、昔からキャンパス内での盗難事件が少なくない。こちらは都内某有名大学で見つけた盗難注意の掲示だ。さすがにあからさまな文法的ミスはないが、それでもやや引っかかる点はないだろうか？

サンプル1

Beware of Theft

Belongings are stolen when you take
your eyes off them for just a moment.

断言してしまっていい？

■助動詞を使って「可能性」のニュアンスを加える

　現在形のbe動詞を使った Belongings are stolen「所持品が盗まれる」には、「確実に盗まれる」と言っているかのような響きがある。be動詞と一般動詞の現在形は、「事実」を述べるときに使うものだからだ。しかしこの掲示文が伝えたいのは、あくまでもそういう可能性があることを想定した警告であり、100%の事実を述べているわけではない。

こうした違和感を解消させるには、たとえば**助動詞may「〜か
もしれない」**を使って、Belongings may be stolen とすればいい。
may によって、「そういう可能性がある」というニュアンスを動詞
に付け加えるのだ。

 ## Belongings <u>are stolen</u> ...
助動詞を使わず動詞だけだと、「確実に盗まれる」という
ニュアンスになってしまう

 ## Belongings <u>may be stolen</u> ...
可能性を表す助動詞may を動詞の前に置くことで、
正しいニュアンスを出せる
「持ち物が盗まれるかもしれない/盗まれることがある」

■助動詞を使って「可能性」のニュアンスを加える

こちらはオクスフォードの老人介護施設の入口にあった掲示だ。

PLEASE DO NOT LEAVE ITEMS
ON THIS DOORSTEP.

THEY MAY BE STOLEN, WEATHER
DAMAGED OR CAUSE A FIRE RISK

「玄関前の階段に物を置いていかないでください。
盗まれたり、風雨で傷んだり、火事の原因になったりすることがあります」

ここでは They may be stolen「それらが盗まれるかもしれない」
となっている。小さなちがいに思えるかもしれないが、自然な言葉
づかいになるかどうかは、この may にかかっているのだ。

■ありのままの事実を現在形の動詞で伝える用例

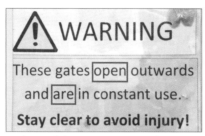

「注意！　このゲートは外向きに開きます。また、常に使われています」

　これはロンドンの工事現場で作業員が出入りするゲートに貼られていたもので、ゲートの開閉に気をつけるようにという掲示だ。**現在形の動詞open と are が使われている**が、これは事実として「ゲートが外向きに開く」造りであるということ、また「常に使われている」ので頻繁に開閉するという、**ありのままの事実を示している**。このような場合には助動詞は不要だ。

■助動詞のニュアンスが活かされた用例（1）

**We apologise for any
inconvenience which may be
caused during these works**

「作業中に生じるあらゆるご不便についてお詫びします」

　これに対し、may などの**助動詞**（他に can, should, must, will など）は、推測・予測・空想・主観など「発話者の考えたこと、空想したこと」を述べる際に使われる。
　ロンドンのある工事現場の前で見つけた上の掲示を見てみよう。

工事のために近隣地域で不都合が生じないように努力はするもの
の、さまざまな不便が生じる可能性がないとは言い切れないという
ことを踏まえ、「ご不便をおかけしてしまうことがあるかもしれま
せんが」といったニュアンスを出すために、助動詞 may が使われ
ている。

■助動詞のニュアンスが活かされた用例（2）

　次に、助動詞 can を使った例を見てみよう。

> # Smoking
> # [can] cause
> # a slow and
> # painful
> # death

「喫煙は長い苦しみ
を伴う死を招く可
能性があります」

　イギリスで売られているタバコのパッケージに書かれた言葉だ。
たしかに、喫煙が原因で肺癌などを長く患った末に死ぬ人もいる
が、すべての喫煙者がそうなるわけではない。脳卒中で即死するケ
ースもあるだろう。つまり、「長い苦しみを伴う死」はあくまでも
ひとつの可能性にすぎない。助動詞 can「可能性がある」はそのニ
ュアンスを出すために使われている。もし can がなければ、「事実
として、すべての喫煙者は長い苦しみを伴う死に至る」という意味
合いの文になってしまう。

177

28 チョコレート菓子工場(1)

間違いやすさ ★★ ☆ ☆ ☆　　難易度レベル ★★ ☆ ☆ ☆

人名の言い換えに使うのは名詞(句)。 形容詞は使えない!

　北海道土産で有名なチョコ菓子の工場で見つけた、チョコレートの歴史を伝えるパネルの英語版を2点紹介しよう。砂糖とココアバター(カカオバター)を加えて固形チョコレートを作った人物の名前は、正しくはJoseph Fryだが、それはさておき、英語としておかしな点はないだろうか?

サンプル1

Chocolate was known as a drink of old standing. In 1847, Joseph Fly, British, was the first to add sugar and cocoa butter to cacao. This was the original chocolate.

> 「チョコレートは飲み物(ココア)として古くから知られていました。1847年に英国人ジョセフ・フライが初めてカカオ(ココアパウダー)に砂糖とココアバターを加えました。これがチョコレートの原型です」

サンプル2

食べるチョコレートがイギリス人の大発明
Chocolate bars were invented by British.

> 「板チョコ(飲むココアではなく食べるチョコ)は英国人によって発明されました」

 ちょっとヒント　Britishは名詞か?

■人名を言い換えるのに形容詞は使えない

　ふたつの掲示に共通する**問題点**は、**British という言葉の使い方にある**。どういうことかというと、**名詞と形容詞との区別ができていないのだ。**

　British は「英国（人）の」という形容詞（名詞形は Britain）。しかしふたつの掲示ではこれが「英国人」を意味する名詞として使われている。British を辞書で引いてみると、形容詞の意味のほかに「英国人、英国民」という名詞の用法も載っており、おそらくこれに惑わされたのだろう。**形容詞は the をつけると、「〜な人々」を表す集合名詞として使うことができる。**辞書の British の欄に「英国人、英国民」などの名詞の用法が載っているのもこのためで、よく見ると**「the British の形で使う」**と記してあるはずだ。また、集合名詞になるから、「（複数の）英国の人々、英国人たち」を意味し、「（ひとりの）英国人」を表すことはできない。

British	【形容詞】英国（人）の
the British	【(the を伴って)集合名詞】英国の人々、英国民

　ひとつ目の掲示では、人名を補足的に「英国人」と言い換えようとしているが、固有名詞の言い換えに形容詞の British を使うことはできない。**（固有）名詞を言い換えるには、名詞（句）を使う必要がある。**たとえば、a British hot chocolate maker「英国のココア製造業者」や an English businessman「イングランドの実業家」などとすればいい。

■「the＋形容詞＝集合名詞」の用例

「金持ちたちの税金逃れを許すな」

　しばらく前のイギリスで、貧富の格差に抗議する人々が作ったプラカードだ。rich は「金持ちの、豊かな」を意味する形容詞。しかし、この掲示のように the rich とすれば、「金持ち（の人々）」を表す集合名詞の意味になる。ちなみに dodge は「身をかわす、避ける、巧妙に逃れる」といった意味で、dodge a ball「ボールをよける」という決まり文句がある。dodgeball「ドッジボール」はこのフレーズから生まれた名前だ。

180

■人名の言い換えの実例

In 1667 Anthony Wood, the Oxford diarist, made the trip from Oxford to London in just under three days. Only two years later, coach proprietors licensed by the University made the journey in one day in their 'flying coaches'.

「1667年にオクスフォードの日記作家アンソニー・ウッドはオクスフォードーロンドン間をわずか3日弱で旅した。そのわずか2年後、(オクスフォード)大学に認可された馬車業者が「飛ぶように速い馬車」で同区間の移動を1日で成し遂げた」

この場合の Anthony Wood, **the Oxford diarist**「オクスフォードの日記作家アンソニー・ウッド」のように、肩書や職業を表す言葉を人名に続けて補足的に置くことがよくある。**そのとき使われるのは名詞（句）や関係代名詞（whoなど）節だ。**形容詞は使えない。

■前置詞の後にはかならず名詞がくる

ふたつ目の掲示では、**Chocolate bars were invented by British.** と形容詞 British が前置詞 by の目的語として使われている。これもおかしい。**前置詞の目的語は、かならず名詞（句）でなければならない。**

by an Englishman「あるイングランド人によって」、by a British hot chocolate maker「ある英国のココア製造業者によって」、by the British「英国民によって」など、by以下に名詞（句）を置くことで問題は解決される。

😣 **Chocolate bars were invented by <u>British</u>.**
前置詞の後に形容詞は置けない

😄 **Chocolate bars were invented by <u>an Englishman</u>.**

😄 **Chocolate bars were invented by <u>a British hot chocolate maker</u>.**

😄 **Chocolate bars were invented by <u>the British</u>.**

PEOPLE
WEARING SITE
CLOTHING
AND/OR DIRTY
BOOTS

WILL NOT BE
SERVED
BY <u>ORDER OF
THE
MANAGEMENT</u>

　こちらはイギリスのパブでたまたま見つけた掲示だ。前置詞 by の後にくるのは order of the management「経営者の方針」と、やはり名詞句になっている。ちなみに、この the management は、集合名詞「経営者、経営陣」の意味合いを持つ management に、「当店の」という意味で the をつけたものだ。

「経営者の方針により、作業着や汚れたブーツを着用している方には(飲食物を)ご提供していません」

English／England?　はたまたUK?
British／Britain?

　日本語の「イギリス」は、Englishに当たるポルトガル語Inglêz「イングレス」に由来する。それもあってか、日本ではEnglishを「イギリスの」（英国の）を表す言葉と理解している人が少なくない。また、多くの人がその名詞形Englandは「イギリス」（英国）を表すものと理解しているようだ。

　しかし実際には、英国はEngland「イングランド」、Scotland「スコットランド」、Wales「ウェールズ」、Northern Ireland「北アイルランド」の4つの「国」から成るUnited Kingdom「連合王国」（正式名称はグレートブリテン及び北アイルランド連合王国）であり、Englandは「イギリス」とイコールではない。日本語の「イギリス」とイコールで結べる名称はthe UK（the United Kingdom）だ（p.149の地図参照）。

　Britainも「イギリス」の意味で使われる。厳密にいえば、ブリテン島に含まれない北アイルランドはこれに属さないことになるのだが、the UKには形容詞形がないため、Britainの形容詞形Britishが、事実上「イギリスの」（英国の）を表す言葉として使われている。

THIS IS WHERE
THE BRITISH OLYMPIC TEAM
WILL DEPART FOR RIO THIS SUMMER. WE'VE GOT EXTRA LUGGAGE SPACE FOR THEIR MEDALS ON THE RETURN TRIP.

「イギリスのオリンピックチームがこの夏、ここからリオデジャネイロに向けて飛び立ちます。帰国便には、すでにメダルのための荷物スペースを確保してあります」

　国ごとに代表チームを出すオリンピックには「連合王国」の代表チームが参加するため、先に説明した理由で、上に挙げた空港の掲示では**The British Olympic team**と形容詞のBritishが使われている。

　一方、サッカーのワールドカップには、4つの「国」それぞれのサッカー協会が独自の代表チームを派遣するため、オリンピックのようなBritish team（英国代表チーム）は存在しない。もう少し細かくいえば、FIFA（世界サッカー連盟）の設立以前に、4つの国にはそれぞれすでにサッカー協会があり、それを尊重してワールドカップ開催当初からこれら4つの代表チームが存在する。サッカー発祥の地であるイングランドなどへの特例的な措置といえよう。

29 観光パンフレット

間違いやすさ ★★★☆☆ 難易度レベル ★☆☆☆☆

比較級を強調するために
使う副詞とは？

　札幌で北海道庁旧本庁舎を見学したとき、ふと目についた石狩地方の観光パンフレットの一部だ。海外からの観光客のためにFacebookページを作ったと英語で書いてある。便利なページになったという自負が強かったのか、やや勢い余っておかしくなっている部分がある。どこかわかるだろうか？

サンプル1

Daily Update!!

We started Facebook for foreign tourists ! This page will make your trip better more!!

「海外からの旅行客のためのフェイスブックを始めました！
あなたの旅をよりいっそう良いものにするはずです!!」

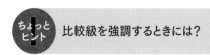

ちょっとヒント 比較級を強調するときには？

■betterを強調するのは副詞

　問題があるのは、最後のbetter moreの部分だ。とくにmoreの使い方がまずい。

　makeは、make Ⓐ＋Ⓑの形で「ⒶをⒷ（の状態）にする」という意味になる（Ⓐはmakeの目的語だから名詞、Ⓑは形容詞）。掲示文のmake your trip betterもこれと同じ形で（betterは形容詞goodの比較級）、「あなたの旅をより良いものにする」を意味している。

---

make Ⓐ（目的語）＋Ⓑ（補語・形容詞）

ⒶをⒷの状態にする

　こう考えると、betterの後のmoreが余ってしまう。おそらくbetterにmoreを加えて強調し、「あなたの旅をよりいっそう良いものにする」と言いたかったのだろう。しかし、比較級（more）で比較級（better）を修飾することはできない。

　比較級を修飾するのに使われるのは、（比較級になっていない）副詞だ。「…よりいっそう〜」と言いたい場合には、even, still, much, a lot, farなどの副詞を使えばいい。

　つまり、比較級を表す語の前に強調する副詞を置いて、This page will make your trip even better.などと書き換えれば正しい文となる。もちろんevenの代わりにmuchやa lotを使ってもいい。

This page will make your trip better more!!

比較級をふたつ重ねることはできない

This page will make your trip even better!!

This page will make your trip a lot better!!

This page will make your trip much better!!

比較級を強調するときは、even, still, much, a lot, far などの副詞を前に置く
「この Facebook ページは、あなたの旅を**よりいっそう良いもの**にするはずです!!」

■比較級を強調する際の正しい用例

We're improving security and lighting to help make you **even safer**

「私たちはあなたをさらにいっそう安全にすべく、セキュリティと照明の改善に努めています」

ロンドンの地下鉄駅構内で見つけたこの掲示でも、同様に「make ♠+♥」の形を使っている。♥（形容詞）は safe の比較級 safer で、それを強調しているのが前にある副詞 even だ。

　ちなみに、help は **help to make** のように後ろに **to 不定詞**を置く

こともできるし、**help make** のように**原形不定詞**を置くこともできる。どちらを使っても意味にちがいはない。

Last year Londoners saved £30 million by recycling.

Let's recycle even more. Find out how at
www.recycleforlondon.com/millions

> 「昨年、ロンドンの住民はリサイクルによりは3000万ポンド節約しました。さらにもっとリサイクルをしましょう。どうすればよいかは、以下のウェブサイトをご覧ください」

　こちらはイギリスで見つけたリサイクルを呼びかける掲示だが、比較級 more を強めるために、やはり副詞 even が使われている。また、強調語は比較級の前に置かれている。

Peak Demand Period

**It is our intention to serve you as quickly as possible.
However, at peak demand periods you may have to wait a little
longer than normal when purchasing a ticket.
Under normal circumstances the peak periods are:**

> 「最需要時間帯について：我々は可能なかぎり早くチケットを提供できるよう努力しております。しかし、最需要時間帯には、チケット購入に際して、通常より少し長く待っていただくことがございます」

　強調以外の用例もひとつ。こちらは、オクスフォード駅で見つけた掲示。**比較級 longer を副詞句 a little「少し」が修飾しており**、「(通常より) 少し長く」という意味になっている。

30 チョコレート菓子工場(2)

間違いやすさ ★★★☆☆　　難易度レベル ★★★★☆

関係詞の前にカンマがつくか
つかないかで、意味が変わる

　CASE28でも紹介したチョコ菓子工場にあった別の掲示も見てみよう。チョコレートの効用が説明されており、甘い物好きには心強く感じられる内容だが、英語表現としてはおかしなところがある。

サンプル1

Chocolate contains many minerals such as calcium, magnesium, iron, and zinc. Also, chocolate which improves the circulation is abundant in dietary fiber. Therefore eating chocolate could maintain your skin beautiful.

「チョコレートにはカルシウム、マグネシウム、鉄、亜鉛など多くのミネラルが含まれています。またチョコレートには、血行をよくする働きもありますが、食物繊維も豊富に含まれています。したがって、チョコレートを食べることは肌を美しく保つことにもつながるでしょう」

 第二文のwhichに注目!

　maintainは、maintain Ⓐ＋Ⓑ「ⒶをⒷの状態に維持する」という形では使えないので、keepなどに置き換える必要がある。
　ここでは2行目の関係代名詞whichについて掘り下げてみよう。**関係詞（関係代名詞、関係副詞）には、制限用法と非制限用法というふたつの用法がある。**この掲示で使われているのは制限用法の関係代名詞だ。しかし、正しくは非制限用法を使うべきだった。では、ふたつの用法はどうちがうのか？

　まず見た目のちがいだが、関係詞の直前にカンマがあるかないか。**この掲示文のように関係詞whichの直前にカンマが「ない」場合は制限用法、「ある」場合は非制限用法となる。**見分け方は簡単だが、ふたつをどう使い分けるかは理解できていない人が多い。

chocolate <u>which</u> improves the (blood) circulation is abundant in dietary fiber.

　この文には、カンマなしの制限用法の関係代名詞whichが使われている。カンマがない場合、関係代名詞の前後をひとまとまりと捉えて理解する必要がある。それを意識して訳してみると、「血行を促進するチョコレートは食物繊維に富んでいます」となる。これだと、**血行を促進する特殊なチョコレートがあり、その特殊なチョコレートだけが食物繊維に富んでいる**、と言っていることになる。

chocolate<u>,</u> <u>which</u> improves the (blood) circulation<u>,</u> is abundant in dietary fiber.

　一方、このように関係代名詞の前と同節の終わりにカンマを入れて非制限用法にすると、カンマでくくられた関係詞節とそれ以外の内容は別のものとなる。あえて直訳調に訳してみると、「**チョコレート、それは血行を促進しますが、食物繊維にも富んでいます**」となる。これならチョコについての一般論になり、チョコ工場の掲示の文脈に適しているだろう。

chocolate <u>which improves the (blood) circulation</u> is abundant in dietary fiber.

「血行を促進する(特殊な)チョコレートは、食物繊維に富んでいます」
特殊なチョコレートの話ならこれでよいのだが……

chocolate, which improves the (blood) circulation, is abundant in dietary fiber.

「チョコレート、それは血行を促進しますが、食物繊維にも富んでいます」
チョコレートについての一般論とするために、関係詞節をカンマでくくる

■関係副詞【非制限用法】の正しい用例

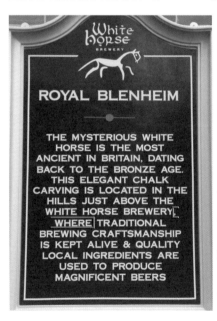

「ホワイト・ホース醸造所のパブ、ロイヤル・ブレナム。この神秘的な白馬の絵はブリテン島で最も古く、青銅器時代にまでさかのぼるものです。石灰質の丘に掘られたこの優美な馬の絵はホワイト・ホース醸造所のすぐ上に位置する丘に描かれていますが、この醸造所には伝統的なビール醸造の職人技が留められており、素晴らしいビールを作るのに地元の良質な材料が使われています」

　オクスフォードのパブの前に出ていたプレートで、このパブを経営しているホワイトホース醸造所というビール会社の自社紹介文だ。下から6行目の**関係副詞where**の直前に**カンマがあるので、この文は非制限用法だと判断できる。**

---

the White Horse Brewery, where traditional brewing craftsmanship is kept alive...

関係詞の前にカンマがついている（whereで先行詞が制限されていない）場合は、左から右へと書かれた通り、順に意味を追っていけばよい
「（そして）このホワイトホース醸造所には、伝統的なビール醸造の職人技が留められており…」

　非制限用法の関係詞は、カンマにより文が区切られているところがミソ。**カンマで区切られた関係詞節とそれ以外の部分は、別々に意味を読みとる必要がある。**

　主要部（カンマの前まで）で言われていることは「**イギリス最古のホワイトホースの絵が描かれている丘は醸造所のすぐ上にある**」ということ。これに対し、カンマの後に述べられているのは「**そこ（醸造所）には昔ながらの職人技が残っており、良質の材料を使ってビールが作られている**」ということ。

　非制限用法の関係詞は、このように関係詞節とそれ以外とを**順を追って、別々に理解する必要があるのだ。**

■関係代名詞【制限用法】の正しい用例

People who assault our staff or vandalise our property will be prosecuted

「当社の社員に暴力をふるったり、当社の設備を棄損したりする方は告訴します」

次に制限用法の例を見てみよう。ロンドンの地下鉄駅構内で見つけた掲示だ。関係代名詞 who の前にカンマがないので制限用法だとわかる。カンマで区切られない制限用法では、「先行詞＋関係詞節（下の波線部分）」をひと続きとして理解する必要がある。

People who assault our staff or vandalise
Ⓢ 先行詞 　　　　　動詞V1 　　　目的語O1 　　　　　　動詞V2

our property will be prosecuted
目的語O2 　　　　　　Ⓥ

つまり、このひと続きの「暴力をふるったり棄損行為をしたりする人々」が文全体における主語となり、述語 will be prosecuted につながるわけだ。

ちがいを確認するため、who の前（および property の後）にカンマがある非制限用法ではどんな意味に変わるか、ちょっと考えてみよう。

People, who assault our staff or vandalise our property, will be prosecuted

　非制限用法では、カンマで区切られた関係詞節とそれ以外の部分を別々に理解するというのが原則だ。よって、上の形だと「人々は暴力をふるったり棄損行為をしたりするので、告訴されるでしょう」といった意味合いになる。これでは、一般論として「人々がみな暴力的で告訴される」と言っているかようだ。掲示の文脈には不適切といえる。

ネイティブスピーカーも苦手な
非制限用法の関係詞

　きちんとした英文を書くには訓練が必要だ。たとえ母語話者として英語を日常的に使っていても、訓練なしにはきちんとした文章はなかなか書けない。まじめに英文法を学んだ非母語話者のほうが、逆にしっかりしている場合すらある。

　関係代名詞の制限用法と非制限用法の区別などは、まさにその傾向が顕著だ。ネイティブスピーカーでも、文法や文章に対して相当意識が高い人物でないと理解できていないのではないか——そう思わざるを得ないほど、「本場」でも多くの誤用例を見かける。

　以下はシェイクスピアやディケンズのような文豪も通っていたロンドンの歴史的なパブThe George Innで見つけた店の紹介文だ。関係代名詞の用法に注意しながら、読んでみてほしい。間違いを正すとしたら、どこをどう直せばいいだろう？

> William Shakespeare often frequented the inn, as did the novelist Charles Dickens who referred to The George in his novel Little Dorrit.

「ウィリアム・シェイクスピアもチャールズ・ディケンズもこの店をしばしば訪れており、ディケンズは小説『リトル・ドリット』の中でThe Georgeに言及しています」

　特殊な場合を除き、固有名詞を先行詞とする関係詞には非制限用法を使う。したがって、Charles Dickensの後のwhoは、直

前にカンマを打ち非制限用法にすべきところだ。

なぜそうするのか。たとえば、John という名前の人が何人もいて、ただ John というだけでは誰のことかわからない場合、I mean John who is wearing a blue raincoat with hood.「フード付きの青いレインコートを着ているジョンのことを言っているのです」と、どのジョンかを特定して言うことがある。**このような場合は、制限用法の関係代名詞を使い、何人もいるジョンの中でも特に「フード付きの青いレインコートを着ている」ジョンだと限定する。**

しかしたいていの場合、固有名詞は初めから特定の人物を念頭に置いて使うもので、複数の選択肢の中から特定のものに絞り込む制限用法はなじまない。

仮に、John Lennon who was one of the original members of The Beatles ... というと、上の例と同じように、何人ものジョン・レノンがいる中で特にビートルズのオリジナルメンバーだった人、といったニュアンスになる。

よって、**John Lennon, who was one of the original members of The Beatles, ...** のように、**固有名詞を受ける関係詞には非制限用法を使う。** こうすると「ジョン・レノン、彼はビートルズのオリジナルメンバーのひとりでしたが…」といったように、関係詞節はジョン・レノンの補足説明的な意味合いに収まる。

同じ理屈から、The George Inn の掲示でも Dickens の後にカンマを打って非制限用法とする必要がある。

確認問題 CASES 25-30

　本編で見てきたさまざまな「おかしな英語」とその正し方を思い出しながら、次の掲示（英語部分）のおかしな点を指摘し、あなたなりの訂正案を書いてみよう。

問題1

（札幌にある北方領土館の展示に使われていた掲示）

　日露戦争の戦後処理のため、日露両国が米国のポーツマスで調印した「ポーツマス条約」により、北緯50度以南の南樺太が日本の領土となりました。

Under the Portsmouth Peace Treaty which ended the War between Japan and Russia, Japan took over the southern part of Sakhalin at 50 degrees North Latitude from Russia.

あなたの答え

問題2

Please inform the station staff or train crew immediately if you notice any suspicious unclaimed objects or persons in the station or on the train.
Thank you for your cooperation.

（都内を走る電車内に貼られていた掲示）

あなたの答え

Heater below
seat is hot.
Be careful keep
your belongings
and feet away
from the heater

あなたの答え

次のことを伝えたい看板をつくるとしたら、
英語で何と書けばよいだろうか?

**この柵に自転車を駐輪しないでください。
撤去される恐れがあります**

★ヒント この柵：these railings

あなたの答え

正解例

**Under the Portsmouth Peace Treaty, which
ended the War between Japan and Russia, ...**

　the Portsmouth Peace Treaty「ポーツマス条約」は頭文字がす
べて大文字になっていることからもわかるように固有名詞だ。**固有
名詞が先行詞になる場合、その後に続く関係代名詞は非制限用法に
する必要がある。**よって、whichの前にはカンマを打つ必要があ
る。カンマのない制限用法の関係代名詞が使われている現状の文で
は、複数ある「ポーツマス条約」のなかで特に「日本とロシアの間の
戦争を終結させたポーツマス条約」といったニュアンスになってし
まう。

if you notice <u>any unclaimed objects</u> or <u>suspicious persons</u> in the station or on the train

notice の目的語 any suspicious unclaimed objects or persons の部分に改善の余地がある。A or B と並べる場合には、A, B に文法的に等価なものを置くという原則を思い出してほしい。この場合、共に名詞の複数形 objects と persons とが or で結ばれており、これらにふたつの形容詞 suspicious unclaimed「不審で持ち主不明の」がそれぞれ掛かっているように読める。しかし、unclaimed persons「持ち主不明の人」とは言えないので、これではおかしい。

形容詞がついた unclaimed objects「持ち主不明のもの」と、単独の名詞 persons「人」というアンバランスなものを or で並べたのが問題点だ。これを解消するには、「持ち主不明のものや不審な人物」などとして、「A or B」の A と B を等価の語句にすればよい。

イギリスで見つけた下の掲示でも、any unattended items or suspicious behaviour というように or の前後に等価のものが置かれている。

Please keep your bags with you at all times and report any unattended items or suspicious behaviour to a member of staff

正解例

Be careful. The heater <u>under</u> the seat <u>may</u> be hot, so keep your belongings and feet away from it.

Heater is hot. とすると、常にヒーターが熱いように聞こえるが、電源が入っていなければ熱くはないし、いつも注意が必要なほど高温であるとも限らない。よって、is ではなく may be や can be を使い、「熱くなることがある」といったニュアンスを出したほうが適切だろう。

また、Be careful「注意してください」と keep your belongings and feet away from the heater「ヒーターから持ち物や足を離してください」というふたつの命令文が接続詞なしにつながれている点も問題。Be careful. を掲示の最初に置いてまず注意を喚起し、それに続けて The heater under the seat may be hot, so keep your belongings and feet ....「席の下のヒーターは暑くなることがありますので、持ち物や足を…」とすればそれらしくなる。below「(基準値より) 下に」ではなく under なのは、「(何か物に覆われた) 下に」という文意に under が合っているからだ。ここでの may の使い方については、イギリスのホテル浴室で見つけた下の掲示が同様の使い方をしているので参照してみてほしい。

「注意 この電熱式タオル掛けの表面は熱くなることがあります」

❶ Please do not park bicycles against these railings as they <u>may</u> be removed.

❷ Bicycles attached to these railings <u>will</u> be removed.

「撤去される恐れがある」の「恐れがある」という可能性のニュアンスを出すには、❶のように may, can, could などの助動詞を使う必要がある。一方、右の掲示のように will を使うと❷のようになり、「恐れがある」というよりはむしろ、「(いずれ) 撤去されます」という、より強い警告となる。

PLEASE DO NOT
PARK BICYCLES AGAINST
THESE RAILINGS
AS THEY MAY BE
REMOVED

BICYCLES
ATTACHED
TO THESE
RAILINGS
WILL BE
REMOVED

おわりに

　海外から日本を訪れる人は年間3000万人を超え、その数はさらに増加傾向にある。東京オリンピックの折にはさらに多くの人がやってくるだろう。来日者数の増加に比例するように、国内の英語による掲示の数もおそらく年々増えており、その結果、街にはどんどん「おかしな英語」が氾濫するようになっている。

　本書では、「おかしな英語」のなかでも国内各地で特によく見かけるものを例として扱ったが、それらが抱えている英語の問題点は非常に初歩的なものが大半だ。裏を返せば、基礎さえ確実に押さえておけば、それだけで状況はぐっと改善されるということでもある。

　しかし忘れてはいけないのは、基礎的な文法を知っているということと、これを使いこなせることはまったくの別物ということだ。

　野球は、打席に入ってバットを振りボールを打つものだと誰でも知っているが、どうやったらうまくバットがボー

ルにジャストミートするかは、実際にくり返し練習しなければ身につかない。

　英語も同じだ。知っているだけでは使えない。使えるようになるには実践練習がなによりも必要だ。

　本書で見た「おかしな英語」の大部分は、学校で教わる基礎的な英文法が使いこなせていないために生まれたものだ。つまり、知識よりむしろ、実践が足りていない人が多く存在しているということだろう。

　というわけで、本書で基礎的な文法をおさらいした後は、ぜひ実践練習をくり返し、近い将来、日本の街角から「おかしな英語」がなくなることに貢献していただければ幸いだ。

唐澤一友
福田一貴

唐澤一友
Kazutomo Karasawa

立教大学教授。博士（文学）。
著書に『世界の英語ができるまで』
（亜紀書房）、『英語のルーツ』（春風
社）、*The Old English Metrical
Calendar(Menologium)*（D. S.
Brewer）他がある。

福田一貴
Kazutaka Fukuda

駒澤大学准教授。修士（文学）。
共著書に『イギリス文学を旅する
60章』『イギリスの歴史を知るため
の50章』（明石書店）、『田園のイン
グランド：歴史と文学でめぐる四八
景』（彩流社）他がある。

本書は平成28年度駒澤大学特別研究助成金
（共同研究）による研究に基づくものである。

「おかしな英語」で学ぶ
生きた英文法

2020年2月27日　第1版第1刷　発行

著　者　唐澤一友、福田一貴
デザイン　金井久幸＋岩本 巧［Twothree］
イラスト　大野文彰
発行所　株式会社亜紀書房
　　　　〒101-0051
　　　　東京都千代田区神田神保町1-32
　　　　電話03（5280）0261
　　　　http://www.akishobo.com
　　　　振替 00100-9-144037
印刷所　株式会社トライ
　　　　http://www.try-sky.com

世界の英語ができるまで

唐澤一友

英語誕生の瞬間から
「世界の共通語」となった現在まで、
その驚くべき多様性と壮大な歴史を紹介

本体2000円（税別）